D1513465

L'hérédité
racontée
aux parents

Du même auteur

Les Maladies génotypiques
Monographies médicales et scientifiques, 1961

*La Dystrophie musculaire progressive
de Duchenne*
Simep Éditions, 1966

Éléments de génétique médicale
Simep Éditions, 1968

*L'Hérédité et les Maladies génétiques
de l'enfant*
ESS, 1971

L'Hérédité racontée aux parents
Éditions du Seuil, 1978

Jacques-Michel Robert

L'hérédité racontée aux parents

Éditions du Seuil

ISBN 2.02.005482.5.
(ISBN 2.02.004880.9, 1re publication).

A la mémoire de Jean Rostand

La science est une source prodigieuse d'intérêt. Nous devons tous faire effort pour y accéder : nous, les spécialistes, en sortant de notre ghetto, le grand public en ne se contentant pas d'une pseudo-science trop répandue; elle n'est qu'un mauvais alcool. Il y a tellement de beauté et de grandeur et même tant d'aventures dans les astres, dans le monde des particules, dans la cellule humaine, que cela dépasse tout ce que l'homme peut imaginer dans les romans ou les films de science-fiction les plus audacieux.

Louis Leprince-Ringuet, *le Bonheur de chercher* [1]

1. Éditions du Centurion, 1976.

Avant-propos

Souvenez-vous, parents, de la naissance de votre premier enfant, de cette bousculade en vous-mêmes d'anxiété, de joie, de crainte et de fierté. Fille ? Garçon ? Et ce soulagement profond lors de son premier cri. Il (ou elle) a ses mains, ses pieds, tous ses doigts, tous ses orteils. Il (ou elle) respire, son cœur bat. Son visage est normal. Délivrance. Une poterie bien tournée et bien cuite, en somme.

Il (ou elle) est « tout le portrait de... » son père, de sa mère ou de quelqu'un vivant ou disparu de la famille ou des familles. Recherche attentive des ressemblances physiques. Plus tard, parents, votre œil vigilant ou celui de ceux qui vous entourent guettera le regard qui accroche, le premier vrai sourire, la tête qui se tient seule ; un jour viendra l'émouvant face à face où, sondant les yeux rieurs, déjà on s'interroge : cet enfant sera-t-il intelligent ? Nouveau souci à venir, moins immédiat, moins aigu, plus lent à s'éteindre ou à s'aviver que la peur, évanouie dès la première minute, d'une naissance anormale.

Beaucoup plus tard, parents, vous noterez tel trait de caractère, telle habitude, l'attribuant à l'un de vous ou de vos ascendants. Tant est forte en nous-mêmes la pulsion de survivance, qu'elle persiste sous l'enveloppe charnelle, derrière les performances intellectuelles, ou à travers les comportements quotidiens.

Histoires de familles

L'âne de la fable

Lorsqu'il est subitement confronté à un incident, ou mis en face d'une catastrophe, une longue tradition pousse l'homme à débusquer l'âne de la fable, « ce pelé, ce galeux d'où venait tout le mal ». La peste a disparu? L'âne est mort, pour rien? Qu'à cela ne tienne, et rendez-vous au prochain fléau. De tout temps, l'homme s'est satisfait que l'on gommât les effets du mal sans en rechercher trop les vraies causes, pour le cas où il risquerait d'être impliqué en personne dans l'affaire. Le coupable est un microbe, un virus, un parasite. Tant mieux! Vivent les savants. Mais, souvent, on rechigne au vaccin, s'il existe, et le certificat de « contre-indication » fleurit. Le coupable est inconnu. Il faut un nouvel âne. On le trouvera, vrai responsable ou innocent. Du moment qu'on apprécie « en son âme et conscience ». Quel soulagement, quelle victoire lorsqu'on a pu culpabiliser autrui!

En génétique, puisque pour faire un enfant il faut être deux, le coupable désigné, c'est souvent l'autre. Pas tellement l'autre lui-même — il n'est pas si mal puisqu'on l'a épousé —, mais plutôt sa famille, en cherchant un peu. Combien de fois ai-je entendu cette assertion d'un père ou d'une mère déçus, frustrés, mais péremptoires : « Il n'y a pas de ça chez nous. » Et ces futurs beaux-parents, furieux, la généalogie des « autres » sous le bras, venant me prendre à témoin (et parfois à partie) : « Nous n'allons tout de même pas laisser entrer notre fils (ou notre fille) chez ces gens-là... »

Heureusement, en ce domaine comme en d'autres, nous savons mieux qu'autrefois. Il y a des dangers vrais, et on court un certain risque à les affronter. Il y a de vieilles superstitions à la peau dure.

13

On les croit mortes et oubliées. Elles ressurgissent à tout instant. Il y a des présumés coupables (et des présumés innocents). Il nous faut, pour trancher, objectivité et patience. Ce ne sont pas les vertus cardinales du public.

L'hérédité et le sang

Ce mythe tire sa source du lointain des âges, et les grands auteurs classiques, notre fonds culturel commun, ne se sont guère privés d'enfoncer le clou. A preuve héros ou héroïnes de Racine ou de Corneille, fustigés pour inceste (« Tous les liens du sang n'ont pu le retenir », Hippolyte dans *Phèdre*), refoulés par racisme (« Rome, par une loi qui ne se peut changer, n'admet avec son sang aucun sang étranger », *Bérénice*), ou soucieux de leur filiation (« Vile esclave des Grecs, je n'ai pu conserver que la fierté d'un sang que je ne puis prouver », Ériphile dans *Iphigénie*). Malheureuse Camille reniée par ses Horaces de frères (« Ne me dis point qu'elle est et mon sang et ma sœur... »), juvénile Rodrigue appelé en renfort (« Viens mon fils, viens mon sang, viens réparer ma honte... », *le Cid*).

Le siècle des Lumières n'a rien arrangé. Voltaire : « Plus le sang de Charlemagne s'éloignait de sa source, plus il dégénérait... »; Buffon : « Le sang de Géorgie est encore plus beau que celui de Cachemire; on ne trouve pas un laid visage en ce pays... »

Plus près de nous encore, ce robuste alexandrin dans lequel Lamartine oppose « le sang rouge du Franc au sang bleu du Germain » ne préfigure-t-il pas trois guerres franco-allemandes? En somme, « bon sang ne saurait mentir ».

La découverte du système de groupe rhésus en 1940, l'existence indiscutable d'accidents graves liés à ce qu'on appelle l' « incompatibilité fœtomaternelle* », ont réactualisé le mythe de l' « hérédité du sang ». Cette inquiétude, souvent formulée lors de la visite prénuptiale, le témoigne : « Nos sangs se contrarient... », « Nos sangs ne s'accordent pas... » Ce chapitre de la pathologie néo-natale est complètement élucidé et n'a qu'un rapport très indirect avec la génétique (voir *figure 1*).

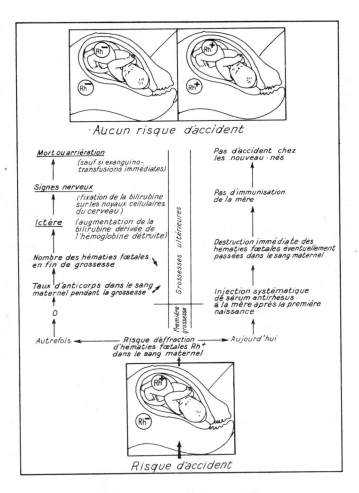

Figure 1 — Immunisation antirhésus.

En haut : sur le schéma de gauche, fœtus Rh⁻ porté par une femme Rh⁻ ; sur le schéma de droite, fœtus Rh⁺ porté par une mère Rh⁺. Il n'existe aucun risque d'accident par immunisation.

En bas : fœtus Rh⁺ porté par une femme Rh⁻. Dans la colonne de gauche, les accidents observés chez les fœtus portés par des femmes immunisées anti Rh⁺. Dans la colonne de droite, explication des possibilités de prévention.

Lorsqu'une femme enceinte rhésus négatif porte en elle un enfant de groupe rhésus positif (le père de l'enfant étant de ce groupe), aucun incident ne surviendra dans la grande majorité des cas, du fait de la barrière placentaire qui, théoriquement, ne permet pas le passage des hématies (ou globules rouges) entre mère et fœtus.

Même lorsque ce passage des hématies d'un fœtus rhésus positif vers sa mère rhésus négatif a lieu (on s'en aperçoit par l'examen microscopique du sang maternel, après l'accouchement, grâce à une technique spéciale de préparation qui fait apparaître nettement ces globules rouges fœtaux), la mère ne s'immunisera que dans 5 % des cas. On doit écrire aujourd'hui « s'immuniserait ». En effet, il y a quelques années encore, on ne faisait rien pour lutter contre cet incident. Qu'arrivait-il alors chez ces 5 mères sur 100? L'organisme de la mère rhésus négatif « apprenait » à élaborer des anticorps contre ces hématies fœtales rhésus positif. Lors des grossesses suivantes de fœtus rhésus positif, ces anticorps maternels antirhésus venaient imprégner et détruire les hématies du fœtus. Ce dernier naissait en état d'anémie grave liée à la destruction massive de ses propres globules rouges (avec « ictère », c'est-à-dire jaunisse due à la bilirubine dérivée de tous ces globules rouges détruits). Seule l'exsanguino-transfusion* pouvait sauver la vie du nouveau-né et empêcher la profonde altération de son cerveau par la bilirubine.

Pour les mères rhésus négatif qui élaborent actuellement des anticorps antirhésus et qui sont susceptibles d'avoir d'autres enfants, le problème reste entier (on ne peut plus désimmuniser), et on doit se contenter de surveiller pendant toute la grossesse la courbe d'élévation du taux des anticorps, de déclencher l'accouchement avant terme (les dégâts sanguins chez le fœtus se produisant surtout au cours de son dernier mois de vie intra-utérine) et de pratiquer une ou plusieurs exsanguino-transfusions sanguines successives du nouveau-né, si elles sont jugées indispensables.

Pour les femmes rhésus négatif qui vivent aujourd'hui leur première grossesse, la connaissance de tous ces phénomènes permet une prévention du risque. Leur enfant né, on pratique systématiquement chez elles une injection d'un sérum antirhésus puissant, spécialement préparé, qui élimine et détruit immédiatement, s'il en existe, les hématies fœtales qui auraient pu s'introduire dans leur propre sang. Ces hématies, parce que détruites, ne peuvent donc plus désormais déclencher une immunité de la part de la mère contre les fœtus à venir. Simplement, il faudra à chaque nouvelle naissance renouveler l'injection de ce sérum antirhésus.

Lorsque toutes les femmes rhésus négatif plus âgées, anciennement immunisées par des grossesses antérieures et actuellement encore sources d'accidents pour leur nouveau-né, auront passé l'âge d'avoir des enfants, et si cette conduite d'administration systématique d'un sérum antirhésus est bien appliquée, l' « incompatibilité fœtomaternelle rhésus » (encore appelée allo-immunisation) disparaîtra pratiquement.

L'hérédosyphilis n'existe pas

Ce menuisier a cinquante ans. Il marche avec peine, les genoux demi-pliés, les jarrets durs comme la pierre. Il raconte que, jusqu'à son service militaire, il a marché, sauté, couru comme quiconque. Mais que, vingt ans passés, la malédiction familiale est tombée sur lui, comme elle fond près d'une fois sur deux sur les membres de cette famille. Il connaît ainsi vingt-trois malades dans sa propre famille, hommes ou femmes, en quatre générations. Jusqu'à la fin de l'adolescence, tout va bien, puis les jambes se raidissent, on a peine à rester debout, les talons traînent au sol. A trente ans, on prend une canne pour marcher; à quarante ans, il en faut deux. On n'en meurt pas, mais, après soixante ans, c'est l'inaction, le fauteuil roulant, l'invalidité, la dépendance. Ceux de la famille qui ont passé à travers sont bien débarrassés. Leur souche est saine, leurs enfants peuvent dormir tranquilles. Mais à vingt ans, dans cette famille-là, tous les yeux vous guettent : l'aura? l'aura pas?

Quoi au fait? « Mais la vérole, mon cher docteur. Qui nous prend chez nous par la moelle épinière. Je me souviens de mon grand-père quand j'avais dix ans. Je l'ai toujours connu couché dans un grand lit, au fond d'une alcôve. Je revois ma grand-mère l'aspergeant d'alcool, comme un pestiféré, et disant au petit que j'étais : " Regarde bien, gamin. Si un jour tu es malade, si un jour tu traînes les jambes comme ton grand-père les a traînées et comme ton père les traîne aujourd'hui, c'est à ce cochon-là, sur ce lit, que tu le devras. A cause de lui et des femmes qu'il a connues quand il était en Indochine. " Vers les années 1880, le bonhomme avait " fait " le Tonkin, dans les fusiliers marins. A son retour, ses jambes n'allaient plus. Il avait pris la maladie. Depuis, dans la famille, on ne sort pas de cette affaire.

Oh, bien sûr, on nous a soignés. Moi-même, quand j'ai eu mes premiers troubles, un grand professeur m'a " fait " de l'arsenic dans les veines. J'ai même failli en claquer, un beau matin. Un autre médecin m'a donné du mercure à boire. J'y ai laissé toutes mes dents, en six mois. On traitait le poison par le poison, je crois. A cause de ce sacré grand-père qui n'avait pu se retenir d'aller chez les catins. Et les catins du Tonkin, par-dessus le marché! »

Ce menuisier de cinquante ans souffre d'une maladie de Strumpell-Lorrain*, du nom de deux neurologues qui l'ont décrite, il y a près d'un siècle. Tous deux ont noté qu'elle pouvait « s'hériter » de génération en génération; d'autres neurologues, après eux, ont remarqué qu'elle s'héritait près d'une fois sur deux, homme ou femme, selon les lois de Mendel. Les autopsies des sujets malades ont toujours montré la même lésion : le faisceau pyramidal, un des cordons de la moelle épinière, s'atrophie et disparaît. La lésion explique parfaitement les troubles progressifs de la marche. Ces troubles d'origine génétique ont été mis, jusqu'à une date relativement proche, sur le compte de la syphilis, et l'histoire du menuisier est une histoire vraie, comme toutes celles que raconte ce livre.

Il y avait, dans l'esprit des médecins de ce temps-là, confusion des genres. Puisque le tabès « rongeait la moelle épinière » à la suite d'une infection syphilitique réelle, toutes les maladies de la moelle épinière dont on ne trouvait pas la cause devaient être considérées comme d'origine syphilitique et traitées comme telles par les « antibiotiques » de l'époque, mercure, bismuth, arsenic...

Raisonnement spécieux, absence d'objectivité, mais aussi nette intention moralisatrice. Chancre vénérien = faute contre la morale; des années plus tard, troubles de la marche = punition divine, c'est bien fait. Traitement de cheval, en désespoir de cause, au risque de tuer. Quant aux enfants, ils paieront pour les péchés commis par les grands-pères.

Le tabès, depuis que l'on traite les chancres syphilitiques par la pénicilline, a pratiquement disparu. Mais la maladie de Strumpell-

Lorrain, bien que rare, est toujours là. Un gène dont le rôle est de maintenir en bon état le faisceau pyramidal est défectueux, « muté ». Il est transmissible de génération en génération, présent dans un spermatozoïde sur deux (si c'est le père qui est malade) ou dans un ovule sur deux (si c'est la mère qui est atteinte). Un jour viendra (comme ce jour est venu à propos d'autres maladies neurologiques telles les maladies de Refsum * ou de Wilson *) où l'on élucidera la cause de la défectuosité, c'est-à-dire ce que le gène anormal « ne sait pas faire ». On traitera, on guérira la maladie, intelligemment, en saisissant, après une recherche scientifique sérieuse, les mécanismes intimes de ces désordres, ce que n'ont pas su ou pu faire les générations médicales qui nous ont précédés, cloîtrées qu'elles étaient dans l'univers morbide de la faute et de l'hérédité-châtiment.

Les maladies de la moelle épinière en général n'étaient d'ailleurs pas seules à être attribuées à la syphilis : il a fallu attendre le Congrès de pédiatrie d'Alger de 1951 pour qu'on ose écrire noir sur blanc : les malformations congénitales d'origine syphilitique n'existent pas. Jusqu'à cette date, combien de parents de becs-de-lièvre, d'hydrocéphales, de *spina bifida* * ont subi une réaction de Bordet-Wassermann *, puis, même si cette réaction était négative (« le laboratoire peut se tromper »), ont reçu comme leur enfant malformé bismuth en piqûres, arsenic, mercure. Il n'est pas jusqu'aux jumeaux qu'un maître de l'obstétrique prétendait traiter systématiquement contre la syphilis (« des jumeaux, ce n'est pas naturel, donc c'est la vérole ! »).

L'agent de la syphilis, c'est le tréponème pâle, parasite de 6 à 8 microns de long. Il peut franchir le placenta d'une femme enceinte fraîchement contaminée (cela se voit encore 1 fois sur 10 000 grossesses), mais à partir de cinq mois de grossesse seulement, alors que tous les tissus et organes du fœtus sont en place (voir *encadré 1*). Le fœtus contractera une syphilis « congénitale », dans l'utérus. Il ne naîtra pas malformé, puisque son embryologie est terminée, mais « malade », bourré de tréponèmes dans son foie, sa rate, ses os, sa peau. Ce qui n'empêche qu'il guérira parfaitement par la pénicilline et que sa future hérédité ne pourra être atteinte, car on voit mal comment un parasite pourrait chevaucher un chromosome (question d'échelle !). Surtout, on savait depuis toujours que, chez les couples de bovins, d'équidés, d'ovins, de rongeurs et autres mammifères, naissent parfois les mêmes becs-de-lièvre, les mêmes hydrocéphalies, les mêmes *spina bifida* que l'on remarque dans l'espèce humaine; mais, jusqu'en 1951, personne ne s'en étonnait vraiment; alors qu'il eût fallu, si l'on avait été logique, imputer aussi le péché vénérien à ces procréateurs-là et les traiter de la même façon...

ENCADRÉ 1

GÉNOPATHIE, EMBRYOPATHIE, FŒTOPATHIE

Une **génopathie** est une maladie du programme génétique apportée lors de la fécondation soit par le spermatozoïde, soit par l'ovule, soit par les deux. L'œuf, et l'individu qui va en naître, est atteint définitivement, dès le premier instant, d'une maladie dite génétique ou génopathie, transmissible héréditairement.

Une **embryopathie** est une maladie de l'embryon. Dans l'espèce humaine, on est un embryon entre 1 jour et 90 jours de vie intra-utérine. C'est la période de mise en place des tissus et des organes. Une agression durant cette période à travers l'organisme maternel (certaines viroses comme la rubéole, certains médicaments comme la thalidomide) peut entraîner des malformations. Mais étant accidentelles, non inscrites dans le programme génétique, ces malformations ne seront pas héréditairement transmissibles à de futures générations.

Une **fœtopathie** est une maladie du fœtus. Dans l'espèce humaine, on est un fœtus entre le début du 4e mois et le moment de la naissance. Les tissus et organes sont en place. Une agression, durant cette période, à travers l'organisme maternel pourra créer par exemple une infection parasitaire du fœtus (syphilis congénitale, toxoplasmose congénitale), mais en aucun cas des malformations.

L'hérédoalcoolisme n'existe pas

Une femme enceinte ne devrait jamais boire d'alcool. La molécule d'alcool éthylique est de faible poids et passe très facilement le filtre placentaire, créant une fœtopathie (voir *encadré 1*). Les enfants nés d'une mère qui boit sont petits, d'aspect souffreteux, leur périmètre crânien réduit (ce qui veut dire que le cerveau est moins volumineux et moins lourd que celui d'un nouveau-né normal). Plus tard, ces enfants « abîmés » se révéleront à l'école « débiles légers » ou « débiles moyens », des « fonds de classe » comme on dit parfois, incapables d'études un peu prolongées, surtout si, pour les faire taire le soir alors qu'ils étaient nourrissons, on a ajouté dans leur biberon quelques gouttes (et parfois une cuillerée) de ce « tranquillisant » naturel, ce que l'on fait encore couramment dans certaines régions vinicoles de France. Alcoolisés dès l'utérus, puis comme enfants, certains arrivent à de tristes records. Par exemple, celui de l'âge lors du premier accès de *delirium tremens* *, à quinze ans, dans un cas que j'ai rencontré personnellement lorsque j'étais interne. Cette jeune fille venait d'un de ces départements où l'alambic trônait sous le hangar. Alors, depuis sa prime enfance, ni encouragée ni découragée, elle se servait elle-même, chaque jour, un petit ou un grand verre. Un matin, glissant sur le verglas, elle s'est fracturé un poignet. Anesthésie, plâtre, hospitalisation pendant deux jours et... sevrage involontaire de sa ration d'alcool quotidien. Le *delirium a potu suspenso* * a éclaté, aussi tragique que celui de Coupeau décrit par Zola dans *l'Assommoir*.

À l'instar des prosélytes de la lutte contre le péril vénérien, les antialcooliques ont souvent confondu fœtopathie et génopathie. « Les parents boivent, les enfants trinquent », dit une affiche destinée à l'éducation sanitaire. C'est exact dans la mesure où l'on détache l'hérédité proprement dite de tout ce faux procès qu'on lui intente depuis bien longtemps, « pour faire bonne mesure ». Que n'a-t-on pas raconté des enfants « du samedi soir » ou « des jours de paie » ? Or, ce soir-là, le spermatozoïde qui féconde a été fabriqué, on le sait maintenant, 71 jours plus tôt, puis a séjourné tout ce temps dans l'épididyme *, le déférent *, les vésicules séminales *, avant d'être expulsé par l'éjaculation. Le sperme, les chromosomes, la fertilité d'un ivrogne (pour cette dernière qualité, on ne le sait que trop) valent ceux d'un honnête homme pris au hasard. Ni l'alcoolisme aigu ni l'alcoolisme chronique ne peuvent créer de mutations anormales au niveau des cellules sexuelles. Ce fléau a ses tristes conséquences, que nous connaissons. Mais il est hors de cause en ce qui concerne la création de nouveaux cas de génopathies (voir *encadré 1*).

Lors d'une conférence faite à ce sujet dans une ville minière, j'ai causé beaucoup de peine à un contradicteur sincère qui avait déroulé à l'appui de sa thèse l'effarante descendance d'un seul couple d'alcooliques suivie sur cinq générations et où l'on dénombrait, si ma mémoire est bonne, 15 débiles illettrés, 10 repris de justice, 8 épileptiques, 6 internés classés comme dangereux, 4 clochards, 3 prostituées, et tous, bien entendu, « alcooliques par hérédité ».

Je répondis donc à cet homme que, si l'alcool est funeste pour le développement cérébral, du fœtus à l'enfant, il ne peut rien contre la graine. Les cellules sexuelles, spermatozoïdes ou ovules, échappent à son action. L'expression « graine d'alcoolique » n'est pas scientifiquement fondée. Il n'y a pas de gène * de l'alcoolisme ni même de « terrain » alcoolique. Tout juste, et la comparaison entre espèces ne doit pas être trop hâtive, connaît-on des lignées de rats dont l'une des caractéristiques de comportement est une certaine « appétence » pour les boissons alcoolisées qu'elles préfèrent aux autres quand on leur permet le choix. A l'inverse, d'autres lignées semblent présenter une aversion « innée » pour l'alcool. Mais ces lignées-là sont exceptionnelles en regard de l'immense cohorte des rats ordinaires que l'on conditionne ou déconditionne par telle ou telle méthode, avec une grande facilité. Comme est longue la cohorte des rejetons d'alcooliques qui ont pratiquement l'hérédité de tout le monde, et le cerveau de tout le monde (si leur mère n'a pas bu lorsqu'elle les portait), et auxquels la société conditionnante offre bien rarement une autre issue que boire encore.

Des maladies créées par des mots!

On a produit de toutes pièces le mythe de l'hérédosyphilis et celui de l'hérédoalcoolisme.

> Les pères ont mangé des raisins verts
> Et les dents des enfants en ont été agacées.

> (Jérémie XXXI, 29)

La puissance du verbe, lorsqu'il maudit, lorsqu'il prophétise, est fantastique. On le sait depuis 2 700 ans. Renfort de la médecine, tourné vers un usage louable, le verbe s'appelle psychothérapie. Fondé sur des arguments pseudo-scientifiques, manié sans précaution, il crée presque à coup sûr un drame, petit ou grand, passager ou définitif, sans appel.

PAUL ET LA MAIN DE SINGE

Il me souvient d'une belle-maman en froid avec son gendre. Devant moi, entre eux deux (la mère étant absente), un bel enfant chez lequel un médecin de famille, trop perfectionniste, a découvert dans l'une des mains un « pli palmaire médian ». En termes plus simples, sa « ligne de tête » et sa « ligne de cœur » étaient fusionnées en une seule ligne. « Comme chez les singes, comme chez les crétins », me dit la grand-mère qui avait beaucoup lu. Ajoutant aussitôt : « Paul, montrez vos mains au docteur... » Une main du père recelait effectivement la même curiosité, nommée parfois « pli simien » parce qu'elle existe chez les primates, chez certains déficients intellectuels profonds, mais aussi chez 7 % des gens normaux, qui la transmettent alors selon les lois de l'hérédité. Le simple énoncé de ce pourcentage officiel me paraissait un argument trop léger pour clore ce psychodrame. L'enfant tout à fait normal, j'y insiste encore, présentait aussi un épicanthus*, reliquat peut-être d'une « troisième paupière » ancestrale, qu'on trouve souvent chez des individus parfaitement sains de corps et d'esprit, mais aussi chez certains arriérés mentaux par anomalie chromosomique.

La grand-mère présentait par hasard cette petite anomalie, sans signification lorsqu'elle est « isolée ». L'occasion d'en finir était trop belle pour la négliger : « Chère madame, vous ne pouvez renier ce joli petit-fils dont le développement physique et psychique ne me cause par ailleurs aucun souci. Il porte en effet comme vous, et vraisemblablement comme votre fille, les restes d'une paupière généralement disparue dans l'espèce humaine, mais courante chez le chat et chez certains oiseaux. »

La consultation était terminée. Quelle lueur de triomphe dans le regard du malheureux gendre. Mais n'ai-je pas, à l'inverse, par mon verbe, culpabilisé la grand-mère ?

GEORGES, LE MONGOLIEN SUR ORDONNANCE

Un de mes anciens étudiants s'est spécialisé en psychiatrie. Prenant en main son service dans un hôpital départemental, il y découvre, dès les premiers jours, un débile profond d'une quarantaine d'années, qui est là depuis vingt ans, muet, prostré, l'air vaguement oriental. On l'appelle le « mongolien ». Le psychiatre m'adresse un prélèvement de son sang, ne doutant pas de la réponse que j'allais lui donner : trisomie 21 assurément. Surprise, tout est normal... le patient a les chromosomes de tout le monde. Nous décidons de reprendre à son début le dossier médical de cet homme. Enquête approfondie. On finit par retrouver la mère qui n'a pas rendu visite à son fils depuis longtemps. C'est une mère célibataire qui n'a jamais eu d'autre enfant. Elle exerce un métier, elle n'est pas inintelligente; son médecin la soigne de temps à autre pour des troubles du caractère qu'il qualifie de névrose. Elle raconte très facilement son histoire, la même sans doute qu'elle a racontée lorsque, à l'âge de vingt ans, son fils unique a dû être interné pour altération grave de son comportement : quand Georges est venu au monde, l'accoucheur a dit à cette femme : « Votre bébé est mongolien », sur la foi d'yeux quelque peu bridés dans une face arrondie. Les examens en sont restés là. Il est vrai qu'à l'époque!...

Physiquement, Georges s'est développé à peu près normalement, il a bien poussé, a marché vers un an. Pour le reste, nul besoin d'autre consultation médicale puisque, de toute façon, « on n'y pouvait rien ». Des certificats ont cependant été obtenus pour éviter l'école. Dans les écoles spéciales, comme il y en a beaucoup maintenant, « on n'a pas trouvé de place ». Tout petit, « il est devenu nerveux ». Il n'a jamais connu d'amis pour jouer. Il sait parler, quelques mots sans plus. Cette mère célibataire et névrotique a élevé son fils en mongolien, sur ordonnance, « puisqu'on lui avait dit »... A vingt ans, l'aggravation des troubles du comportement ont conduit à l'internement — « c'est normal, n'est-ce pas... ». Normal, Georges l'est, physiquement bien constitué. La petite phrase d'un homme pressé le jour de sa naissance, il y a quarante ans, a fait de lui un dément pour la vie.

NATHALIE, LA FILLE AUX YEUX SOMBRES

Elles sont quatre, assises en demi-cercle, devant mon bureau, cheveux, yeux, stature de filles de Viking, comme leur mère (comme leur père aussi, je l'apprendrai plus tard), debout à l'écart. Toutes sauf une, Nathalie, la dernière, brune aux prunelles sombres. Et la mère me raconte cette histoire incroyable : lorsque Nathalie est née il y a quinze ans, un visiteur ami lui a dit à la clinique, mi-rieur, mi-sérieux : « Cette fille-là ne peut être de ton mari... C'est dans tous les livres de génétique. » Telle la calomnie chantée par don Basile, cette plaisanterie discourtoise et maladroite s'est enflée, démesurément. D'autres amis du couple l'ont reprise, les soirs de rencontre. Le mari blond aux yeux clairs a douté. Nathalie a demandé un jour : « Quel est mon vrai père, puisque je ne suis pas la fille de papa? »

Les jeunes filles quittent mon bureau. Leur mère restée seule me confie que, depuis plusieurs années, elle vit un drame et qu'on la soigne pour une dépression grave. Son ménage va se briser. A cause d'une boutade, prononcée devant elle quinze ans plus tôt. A cause d'un schéma fréquemment repris (même dans certains livres de sciences naturelles) et qui voudrait illustrer les lois de Mendel en prenant comme exemple l'hérédité de la couleur des yeux humains.

Faux parce que trop simplifié, ce schéma présente la couleur de l'iris comme provoquée par l'action d'un seul gène. En clair, il aboutit à la conclusion suivante : des parents blonds aux yeux bleus ne peuvent procréer que des enfants blonds aux yeux bleus. Ce qui est inexact, la couleur des yeux étant déterminée par l'action de plusieurs gènes.

Au foyer de parents blonds aux yeux clairs, la naissance d'un enfant brun aux yeux sombres est génétiquement possible et non rare. Tout aussi bien que l'adultère, d'ailleurs. Ce qui est gênant, et difficile à résoudre psychologiquement.

Dans un avis écrit, j'offre à la mère ainsi qu'à son mari la possibilité d'établir chez tous deux la carte des systèmes sanguins qui est devenue si longue et si complète que non seulement l'expert ne se contente plus d'énoncer comme autrefois une « exclusion de paternité », mais peut pratiquement *affirmer* qu'un mari est ou n'est pas le père de son enfant. La mère, sûre d'elle-même, me demande de commencer aussitôt cette recherche chez elle. Le père, peut-être libéré de ses craintes par ma proposition acceptée par la mère, n'est pas venu à la consultation. Je n'ai jamais connu le dénouement heureux ou malheureux de ce drame créé de toutes pièces, vingt ans auparavant, par la remarque déplacée d'un « ami ».

Présumés coupables ou présumés innocents

Le box des accusés regorge de têtes nouvelles. L'audience est ouverte. On peut laisser la foule juger; cela s'est vu.

Au pas lent des chevaux, les charrettes emportent, serrés côte à côte, innocents et coupables.

Avec vous, je préfère : démonter le mécanisme de l'instruction des dossiers; analyser l'incident en comparant ce qui aurait dû se passer, quand tout va bien, et ce qui s'est passé, quand tout va mal; et proposer ensuite quelques attendus avec des éléments pour juger, aussi sûrs que possible, en gardant bien en mémoire les trois chefs d'accusation très différents qu'il faut caractériser, en évitant toute confusion entre eux :

— *L'atteinte à la sécurité des personnes :* ce sont les maladies provoquées par des toxiques (affaire Minamata), des radiations, la preuve de la relation de cause à effet ayant été apportée. Réparation et prévention sont nécessaires et possibles.

— *L'atteinte à la sécurité des nouveau-nés :* ce sont les embryopathies, les fœtopathies provoquées par un virus (affaire rubéole), des parasites (affaire toxoplasmose), certaines molécules ou médicaments (affaire thalidomide), des radiations (affaire des « enfants du radium »), la preuve de la relation de cause à effet ayant été apportée. Réparation et prévention sont nécessaires et possibles. Si la prévention est appliquée, les enfants à venir seront préservés. L'hérédité n'est pas mise en danger.

— *L'atteinte à la sécurité de l'héritage génétique* : c'est le chef · d'accusation le plus grave, la faute la plus imbécile, car elle est irréparable et engage l'avenir des espèces vivantes, à commencer par la nôtre.

1

Qui sommes-nous ?

Quand tout va bien

L'homme appartient au règne animal. L'espèce humaine n'est que l'une des 2 à 3 millions d'espèces actuellement vivantes, dont seulement un peu plus d'un million sont connues, décrites et classées.

Lorsqu'il ne fut plus possible d'aligner, de collectionner, d'empiler, d'accumuler, lorsque le nombre des espèces à classer devint tel qu'il exigeait un ordre, les naturalistes créèrent la taxinomie (du grec *taxis* : arrangement, disposition). Cette monumentale entreprise fut celle de botanistes, Linné, Jussieu, au XVIIIe siècle, de zoologistes, les Geoffroy Saint-Hilaire, père et fils, le baron Cuvier au siècle suivant. Curieusement, l'homme (sans doute est-ce parce que c'est lui qui classait) tint longtemps sa propre carte hors du jeu.

L'espèce

De nos jours l'espèce humaine a sa fiche signalétique, son passeport biologique en somme. Le voici :
— règne : animal,
— phylum : chordés,
— subphylum : vertébrés,
— superclasse : tétrapodes,
— classe : mammifères,
— infraclasse : euthériens (ou placentaires),
— ordre : primates,
— sous-ordre : anthropomorphes,

— famille : hominiens,
— genre : *Homo*,
— espèce : *Homo sapiens*.

En clair, nous sommes des animaux avec des vertèbres. Nous avons quatre membres. Nos femmes ont des mamelles et, lorsqu'elles sont enceintes, elles portent un placenta (alors que les femelles de marsupiaux, kangourous et sariques n'en portent pas). Et puis nous sommes, en toute modestie (en compagnie des singes), des primates, c'est-à-dire « au premier rang, avec dentition complète et main préhensile ». Enfin, notre espèce est unique. C'est-à-dire que tous les humains, quelle que soit leur race ou variété, sont interféconds. *Sapiens* signifie « sage », mais cela est une autre affaire.

La fécondation

A la surface de l'ovaire, au 14e jour du cycle menstruel de la femme, survient une éruption : un ovule est né. Un pavillon le recueille dans ses plis et le conduit à l'orée de la trompe de Fallope. Cette cellule sexuelle féminine contient 23 chromosomes au sein de son noyau et, comme toute cellule, un peu de cytoplasme* autour de ce noyau, assurant quelques jours de vivres. La trompe comporte un tapis de cils vibratiles le long desquels l'ovule roule doucement à la rencontre (s'il y a eu rapport sexuel) d'une marée montante de plusieurs dizaines de millions de spermatozoïdes. Un seul aura la possibilité de pénétrer dans l'ovule. Sitôt franchie la membrane cernant celui-ci, la porte se fermera pour tous les autres, les condamnant à la mort. L'élu apporte 23 chromosomes et le nombre clé qui caractérise l'espèce humaine, le nombre 46, est reconstitué. Au bout de quelques heures, l'œuf fécondé (ou « zygote », du terme grec *zugon*, qui signifie le « joug », unissant désormais, pour le meilleur et pour le pire, patrimoine et matrimoine) se divise en 2, puis 4, puis 8 cellules... Au bout de quelques jours, une petite semaine, l'œuf s'implante, au débouché de la trompe, dans la muqueuse du fond de l'utérus qui, sous l'influence d'une hormone, la progestérone, s'était préparée à l'événement.

Les mitoses

Ce qu'il faut bien comprendre, c'est que chacune des divisions cellulaires de l'œuf (ou *mitoses**) n'est que le dernier acte visible d'une division des 46 chromosomes préalablement réalisée.

Imaginons deux jeunes mariés installés dans une seule pièce avec un lit, une armoire à linge, une cuisinière, un réfrigérateur, etc., qui auraient la surprise de voir se dédoubler sous leurs yeux tout ce qu'ils possèdent [1]. Que feraient-ils? Ils achèteraient une pièce vide, rangeraient le double de ce qu'ils possèdent déjà dans des caisses, des valises (les chromosomes) et déménageraient ce legs dans la pièce vide, prête à louer, de l'autre côté du palier. Une cellule-mère donnant naissance à deux cellules-filles identiques, c'est tout simplement cela.

Après quelques centaines de mitoses de ce genre, le nouveau-né humain sera formé de 10^{18} cellules, un milliard de milliards de cellules. Dans le noyau de chaque cellule d'un être humain, cellule nerveuse, osseuse, rénale, hépatique, etc., se trouvent enfermés 46 chromosomes qui sont la réplique exacte des 23 chromosomes contenus dans l'ovule maternel et des 23 chromosomes contenus dans le spermatozoïde paternel.

Le caryotype

Si l'on prélève chez un être humain un peu de sang, un peu de derme, un peu de moelle osseuse, un bulbe pileux, etc., et que l'on mette en culture un de ces tissus, certaines cellules que ce tissu contient vont « pousser », c'est-à-dire se diviser, entrer en mitose. Ce sera le lymphocyte* dans le sang, le fibroblaste* dans le derme, par exemple.

---

1. Un grand biologiste a dit : « Le rêve d'une cellule? Devenir deux! »

Le microscope ordinaire (sans qu'il soit besoin d'un microscope électronique, comme on l'imagine parfois à tort) va saisir sur le vif ce « déménagement » qu'est la mitose, c'est-à-dire 46 chromosomes en train de se dédoubler. On photographie, on développe, on agrandit, on apparie, on classe par rang de taille : c'est le *caryotype** ou garniture chromosomique du sujet (voir *figures 2 et 3*).

Du chromosome aux gènes

Photographier depuis un satellite un astre inconnu, de très haut, puis descendre jusqu'à son contact pour ramener un échantillon de sa substance, voilà ce qui n'est pas encore tout à fait réalisé en génétique. Les vues « aériennes » de l'usine avec ses 46 bâtiments sont

Figure 2 — Une mitose « éclatée ».

Les chromosomes sont visibles seulement dans une cellule en train de se diviser (dite alors en « mitose »). Pour désenchevêtrer, « éparpiller » les chromosomes afin de mieux les observer et les compter, on plonge la préparation dans un milieu hypotonique. Le « choc » hypotonique fait éclater la cellule en division (ici, un lymphocyte) et donne le résultat observé sous le microscope (ordinaire) dans cette figure.

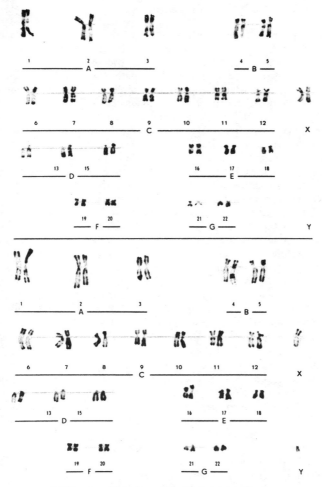

Figure 3 — Caryotypes humains normaux classés.

A partir de la mitose éclatée précédente, on découpe et on classe les chromosomes par rang de taille et en fonction de la place de leur centromère. En haut, le caryotype d'une femme normale à 46 chromosomes, dont deux chromosomes sexuels X et X. En bas, le caryotype d'un homme normal à 46 chromosomes, dont deux chromosomes sexuels X et Y.

33

correctes. Nous venons d'en observer il y a un instant. Mais chacun de ces bâtiments contient une dizaine de milliers d'ouvriers dont le travail n'a jamais pu être directement observé.

Ces ouvriers, ce sont les *gènes*. Gènes paternels à l'œuvre au sein des 23 chromosomes d'origine paternelle, répliques de ceux qu'apporta le spermatozoïde fécondant ; gènes maternels à l'œuvre au sein des 23 chromosomes d'origine maternelle, répliques de ceux qui figuraient dans l'ovule maternel lorsque celui-ci fut fécondé. Dans une cellule en fonctionnement, les chromosomes ne sont d'ailleurs pas discernables, contrairement à ce qui se passe dans une cellule en train de se diviser (les valises sur le palier...). Dans une cellule en fonctionnement (les biologistes disent en « intermitose » ou en « interphase »), les chromosomes sont déroulés plus ou moins complètement.

Imaginons que nous enroulions entre nos doigts les deux brins d'un fil élastique comme le fait un enfant lorsqu'il arme le moteur très sommaire de son avion de toile et de papier. La longueur du fil ainsi enroulé entre les doigts va se raccourcir considérablement. C'est exactement ce qui arrive à la molécule d'*acide désoxyribonucléique** (ADN en français, DNA en anglo-saxon) lorsqu'elle doit voyager d'une cellule-mère à sa cellule-fille. La double hélice d'ADN (voir *figures 4 et 5*) s'enroule encore sur elle-même, devient fibrille, puis fibre, chromosome enfin. On peut la colorer (chromosome signifie « corps coloré ») et la voir « de haut » avec un microscope ordinaire. La mitose achevée, les deux cellules nées d'une seule, le phénomène inverse s'accomplit aussitôt : chromosome, fibres, fibrilles se désenroulent et s'estompent à la vue. Le noyau de la cellule devient très inégalement colorable (hétérochromatine*), mais les gènes portés par l'ADN peuvent fonctionner, libérés de leurs vêtements de voyage dans lesquels ils étaient « tassés », et donner à nouveau à la cellule ordres et impulsion.

« Tassé » n'est pas un vocable excessif si l'on calcule que, mises bout à bout, les molécules d'ADN des 46 chromosomes d'une seule cellule humaine mesurent un mètre environ. Le fil est ténu, certes, puisque d'un diamètre de cent millionièmes de millimètre. Si l'on met bout à bout, cette fois, l'ADN du milliard de milliards de cellules (10^{18}) que comporte un seul être humain, on couvrira facilement le diamètre du système solaire (deux fois la distance qui sépare le centre du Soleil du centre de la planète Pluton...).

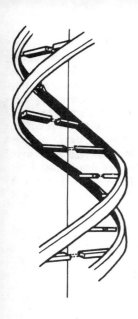

Figure 4 — La double hélice de l'ADN (schéma de Watson et Crick).

Deux brins complémentaires sont enroulés en hélice, comme un escalier en « colimaçon ». Entre eux, les marches de l'escalier, chaque marche étant formée d'une paire de nucléotides (adénine + thymine, ou inversement; cytosine + guanine, ou inversement).

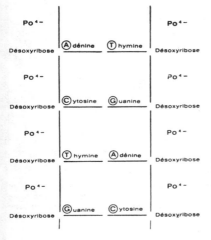

Figure 5 — Structure primaire de la double hélice.

Représentation de la structure précédente en double hélice, déroulée, schématiquement « mise à plat ». L'ARN-messager ne possède qu'une hélice dans laquelle la thymine (T) est remplacée par l'uracile (U).

35

Ce long fil contient l'information génétique nécessaire au fonctionnement de toutes les cellules durant toute la vie. Les cellules le contiennent même deux fois, le premier « fil » étant d'origine paternelle, le second d'origine maternelle. Il en résulte que, pour tout faire dans une cellule, il existe une double instruction. En d'autres termes : à chacun des centaines de milliers de postes de travail, tous définis pour une tâche rigoureusement fixée, sont présents deux ouvriers responsables, l'un venu par le spermatozoïde du père, l'autre avec l'ovule de la mère. Ce sont les *couples de gènes homologues* (voir *figure 6*). Comment ces gènes qui émettent des ordres impératifs vont-ils les exprimer et les faire comprendre à la cellule pour qu'elle agisse?

Figure 6 — Les couples de gènes au travail.

De la droite vers la gauche circule devant les couples de gènes (en haut, le gène noir venu du père par exemple, en bas, le gène blanc venu de la mère) une molécule de protéine en ébauche qui va subir à chaque poste de travail, de la part du gène paternel et du gène maternel, une modification l'amenant à sa structure normale définitive.

Les gènes au travail

En 1799, un certain Bouchard, officier du génie français, découvrit au cours de travaux de terrassement d'un fort qu'il faisait construire à Rosette, ville de la basse Égypte, au bord du Nil, une stèle portant un décret de Ptolémée Épiphane gravé en trois langues (grec, hiéroglyphes égyptiens et démotique).

Champollion, vingt ans plus tard, déchiffra l'écriture égyptienne en partant du texte grec. La pierre de Rosette de la génétique a été déchiffrée en 1966.

Une cellule vivante connaît deux langages : celui que parle l'ADN des chromosomes du noyau, le « langage nucléique »; et celui que parle le cytoplasme, le « langage protéique » (la fonction essentielle du cytoplasme étant de synthétiser les protéines). On passe d'un langage à l'autre par une traduction :

— Le *langage nucléique* s'exprime par mots de 3 lettres, les codons, lettres empruntées aux initiales des 4 bases possibles rencontrées sur l'un des montants de la double hélice d'ADN (voir *figure 4*), c'est-à-dire A (adénine), T (thymine), G (guanine) ou C (cytosine). Un codon sera par exemple AAG, AGC, CCG, etc. Il y a donc $4^3 = 64$ codons possibles (voir *figure 7*).

— Le *langage protéique* s'exprime en termes d'acides aminés. Ceux-ci sont les constituants des chaînes de protéines composées de la sorte d'une suite de 100 à 300 maillons que sont les acides aminés. Il existe une vingtaine de types d'acides aminés différents.

Imaginons le responsable d'une gare de triage ayant à former de nombreux trains (les chaînes de protéines). Pour cela, il dispose d'une grande réserve de wagons, d'une vingtaine de modèles différents. Ce sont les acides aminés. Pour appeler à sa bonne place un wagon (et pas n'importe lequel) dans une rame en voie de formation, le trieur dispose d'un code d'appel, le codon UGC. Avec telle séquence de trois lettres, c'est un certain modèle d'acide aminé qui sera appelé et pas un autre (voir *figure 8*).

	U	C	A	G	
U	UUU ⎤ Phe UUC ⎦ UUA ⎤ Leu UUG ⎦	UCU ⎤ UCC ⎥ Ser UCA ⎥ UCG ⎦	UAU ⎤ Tyr UAC ⎦ UAA stop UAG stop	UGU ⎤ Cys UGC ⎦ UGA stop UGG Tryp	U C A G
C	CUU ⎤ CUC ⎥ Leu CUA ⎥ CUG ⎦	CCU ⎤ CCC ⎥ Pro CCA ⎥ CCG ⎦	CAU ⎤ His CAC ⎦ CAA ⎤ GluN CAG ⎦	CGU ⎤ CGC ⎥ Arg CGA ⎥ CGG ⎦	U C A G
A	AUU ⎤ Ileu AUC ⎥ AUA ⎦ AUG Met	ACU ⎤ ACC ⎥ Thr ACA ⎥ ACG ⎦	AAU ⎤ AspN AAC ⎦ AAA ⎤ Lys AAG ⎦	AGU ⎤ Ser AGC ⎦ AGA ⎤ Arg AGG ⎦	U C A G
G	GUU ⎤ GUC ⎥ Val GUA ⎥ GUG ⎦	GCU ⎤ GCC ⎥ Ala GCA ⎥ GCG ⎦	GAU ⎤ Asp GAC ⎦ GAA ⎤ Glu GAG ⎦	GGU ⎤ GGC ⎥ Gly GGA ⎥ GGG ⎦	U C A G

Figure 7 — Le code génétique.

Ou comment on passe du langage du noyau (U = uracile, C = cytosine, A = adénine, G = guanine), écrit par groupes de 3 bases (ou codons), au langage du cytoplasme, écrit en termes d'acides aminés. Le nom des acides aminés correspondants est en abréviation (Phe = phénylalanine; Leu = leucine; Ileu = isoleucine, etc.). UAA, UAG, UGA sont des codons « stop » qui signifient que la transcription d'un message nucléique est terminée.

Il y a plus de combinaisons d'appel, de codons (64), que d'acides aminés possibles (20). Simplement parce que pour appeler les acides aminés les plus courants, les plus banals, donc les plus demandés, le responsable de la gare de triage dispose pour eux de plusieurs combinaisons d'appel (de « lignes téléphoniques groupées » en quelque sorte).

Revenons à la cellule, à son noyau et à son cytoplasme séparés l'un de l'autre par une membrane percée d'orifices de très petit calibre. L'énorme molécule d'ADN ne peut franchir cette barrière. Pour être traduite par le cytoplasme, l'information portée par l'ADN doit d'abord être transcrite sur une molécule plus courte, plus légère, donc capable de « sortir » l'information du noyau vers le cytoplasme. Cette molécule, c'est l'*acide ribonucléique-messager** (ou ARN-messager), très bien nommée (voir *figure 9*). Par ailleurs, cette molécule relativement petite ne transcrit qu'une faible partie de la longue information contenue par l'ADN. Une cellule, qui a des fonctions bien déterminées (fonctions d'une cellule de la peau, du cerveau, de l'estomac...), n'a besoin que des messages qui concernent sa propre activité. Le reste ne l'intéresse pas. Dans l'ADN de cette cellule-là, les gènes, les ouvriers capables de programmer des ordres pour d'autres fonctions ne s'expriment pas. Ils sont réprimés grâce à l'action d'autres gènes nommés régulateurs. En somme, ne sont au travail dans le noyau d'une cellule que les gènes correspondant aux fonctions spécifiques de cette cellule. Tous les autres gènes, quoique présents dans les chromosomes, sont bloqués. Ils ne s'expriment pas. Sinon, ce serait l'anarchie.

La construction et le rôle des protéines

Synthétiser des protéines représente la principale activité du cytoplasme d'une cellule, quelle qu'elle soit. La cellule accomplit cette tâche, nous l'avons vu, instruite de la protéine à réaliser par le truchement de l'ARN-messager. Ce dernier joue ainsi le rôle d'un « bleu » d'architecte, de la parcelle modeste d'un grand plan, destiné seulement à diriger le travail ponctuel et précis d'une équipe de spécialistes.

La traduction a lieu sur les *ribosomes** du cytoplasme (voir *figure 9*). L'ARN-messager se fixe sur eux et les ribosomes se comportent comme des « têtes de lecture » passant du langage nucléique au langage protéique, c'est-à-dire produisant à leur contact les chaînes de protéines avec leurs acides aminés mis dans l'ordre voulu, et leur longueur bien arrêtée (voir *figure 9*).

Les protéines sont prêtes à jouer leur rôle, capital en de nombreux domaines, comme nous allons le voir :

— Certaines d'entre elles, imparfaitement connues, jouent pro-

Figure 8 — La gare de triage. Fonctionnement normal.

Le responsable construit un train fait de 3 acides aminés (voir texte) dont les codons d'appel sont successivement UCC, UGC, UGG. Les 3 acides aminés correspondant à cet appel sont : sérine (le wagon rempli de ballast), cystéine (le wagon-

40

grue), tryptophane (le wagon porte-rails). Ce train de 3 acides aminés, formant une partie d'une enzyme par exemple, a pour mission de désobstruer une voie bloquée par un éboulement. Dans ce schéma, tout se passe normalement : le wagon-grue présent fait son travail, la voie est rouverte au trafic. Les trains passent (« le métabolisme est assuré », dit le généticien).

41

bablement un rôle important dans la construction de l'embryon. La forme de celui-ci, de ses organes, la place de ses tissus dépendent d'un bon fonctionnement des gènes dans les premières cellules de l'œuf, jusqu'au 3e mois de la vie intra-utérine.

— Tous les tissus entretiennent en eux-mêmes durant toute la vie les protéines auxquelles ils doivent leurs qualités particulières. Osséine pour le tissu osseux, dentine et émail pour le tissu dentaire, kératine pour l'épiderme, élastine et collagène pour le tissu conjonctif, etc. Les gènes qui programment cette fabrication sans cesse renouvelée sont responsables de l'existence de toutes ces protéines de structure.

— Toutes nos cellules sont revêtues d'antigènes personnels, déterminés génétiquement et transmis héréditairement, les plus connus de ces antigènes étant les antigènes A, B ou O qui revêtent les globules rouges, expliquant les accidents de la transfusion sanguine lorsqu'il y a erreur de groupage. Les antigènes sont des *glyco-protéines**. Leur présence aussi sur les tissus à greffer (rein, cœur, pancréas, foie, poumon, etc.) explique les fréquentes réactions de rejet si l'histocompatibilité* ne peut pas être valablement respectée lors de la mise en place du greffon étranger.

— Parmi les responsables du rejet, mais aussi précieux défenseurs de notre intégrité vis-à-vis des agents extérieurs, sont les anticorps ou immunoglobulines*. Les anticorps synthétisés dans des cellules appelées plasmocytes sont des protéines dont les chaînes d'acides aminés sont maintenant bien connues. La séquence des acides aminés qui compose ces chaînes est déterminée génétiquement.

— Certaines hormones dont la formule chimique a été établie sont aussi des protéines, composées dans un ordre immuable par quelques dizaines d'acides aminés placés les uns derrière les autres lors de la synthèse de l'hormone sur les ribosomes de la cellule qui les émet : îlots de Langerhans du pancréas qui sécrètent l'insuline, hormone protéique; cellules particulières de la glande hypophyse (lobe antérieur) qui sécrètent l'ACTH, hormone qui stimule elle-même la sécrétion de certaines zones de la glande corticosurrénale.

— On connaît très bien, acide aminé par acide aminé, la composition des quatre chaînes protéiques qui constituent la molécule d'hémoglobine, ce pigment respiratoire rouge qui donne au sang sa couleur. Ce pigment qui contient aussi du fer apporte au niveau

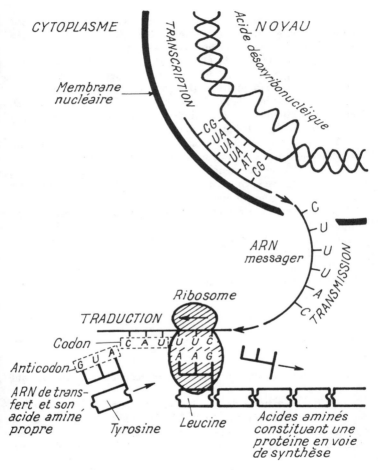

Figure 9 — Programme génétique de la synthèse des protéines.

Le message ADN est transcrit en ARN-messager qui sort du noyau (transmission), pour être traduit sur les ribosomes en une chaîne d'acides aminés, c'est-à-dire en une protéine. Les acides aminés sont « apportés » sur la chaîne en voie de montage par des petites molécules d'un ARN particulier dit « ARN de transfert », muni d'un « anticodon », séquence complémentaire du codon porté par le messager.

des cellules de tous nos tissus l'oxygène dont elles ont besoin pour leur respiration. Les gènes qui programment la synthèse assez complexe des chaînes protéiques de l'hémoglobine sont maintenant bien connus.

— Un caillot obturant la plaie d'un vaisseau ne peut se former correctement que si une douzaine de protéines différentes interviennent dans cette coagulation (les plus connues d'entre elles étant les facteurs antihémophiliques, la prothrombine, le fibrinogène). Toutes ces protéines sont fabriquées sous commande génétique par les cellules du foie (ou hépatocytes).

— Enfin, la respiration et le métabolisme cellulaires, la digestion, le fonctionnement du système nerveux, des muscles, etc., ne peuvent se dérouler harmonieusement qu'en la présence de plusieurs milliers d'enzymes différentes. Or les enzymes sont des protéines déterminées génétiquement comme toutes les protéines.

Cette longue énumération fait bien apparaître, pensons-nous, l'importance des protéines dans la vie des organismes vivants, et puisque ces protéines, composées pièce par pièce, acide aminé par acide aminé, sur les ribosomes du cytoplasme, ne peuvent être ainsi synthétisées en bon ordre que par le travail des gènes normaux, nous réalisons toute l'importance de l'intégrité de ces gènes pour que « tout aille bien ».

La seconde génération

Lorsque nous sommes un embryon humain de 3 semaines, tout est déjà joué :

— Ce que sera notre devenir humain personnel, notre vie, notre carrière en ce monde, est contenu dans le *soma* qui s'ébauche alors, qui deviendra fœtus, nouveau-né, enfant, croîtra jusqu'à l'adolescence, connaîtra la maturité, la vieillesse et la mort, et retournera à la poussière.

— Ce que sera notre futur immortel est contenu dans le *germen* qui s'est déjà isolé vers ce 20e jour au voisinage de l'extrémité caudale de l'embryon. C'est la « bouteille à la mer », jetée, séparée de nous-même sans espoir de modification ni de retour, migration de quelque 500 cellules vers la glande génitale (futur ovaire ou futur testicule) qui les accueille vers la 5e semaine. On comprend l'inanité de la théorie de l'hérédité des caractères acquis. Ces 500 cellules primitives vont vivre désormais séparées de toutes les autres cellules du corps. *Elles ne peuvent plus rien apprendre*, quoi qu'il advienne (de bénéfique ou de funeste) au soma dont elles viennent de quitter la trajectoire. De ces 500 cellules-souches vont naître tous les ovules qui seront régulièrement « pondus » chaque 28 jours chez la femme jusqu'à sa ménopause, et les milliards de spermatozoïdes qui seront émis au cours de la vie génitale d'un homme.

Un homme riche ne peut léguer tout son patrimoine à tous ses enfants. Un mari et sa femme ne peuvent héréditairement transmettre un patrimoine (l'héritage génétique du père) et un matrimoine (l'héritage génétique de la mère) que selon certaines lois biologiques restrictives découvertes il y a plus de cent ans par le moine Mendel à propos de fleurs de pois.

S'agissant de reproduction sexuée (ce qui n'est pas la règle générale puisqu'il est des organismes qui se perpétuent par scissiparité, bouturage, parthénogenèse, hermaphrodisme...), s'agissant plus particulièrement de notre espèce, les procréateurs — père et mère — doivent choisir, ou plus exactement laisser au hasard le choix de ce qui sera transmis à tel ou tel rejeton. Ce qui est transmis n'est que la *moitié* de chaque héritage à la suite d'une réduction du nombre des chromosomes qui se produit au dernier instant de la formation des cellules sexuelles définitives ou gamètes (spermatozoïdes et ovules), lors d'un phénomène appelé fort justement la *réduction chromatique* ou *méiose**. Si ce mécanisme réductionnel n'existait pas, l'œuf humain à la fécondation comprendrait $46 + 46 = 92$ chromosomes, 184 à la génération suivante, etc.

Il se produit une *disjonction* au niveau de chaque paire de chromosomes. Reprenons le caryotype d'une cellule somatique à 46 chromosomes (voir *figure 3*) : l'un des deux chromosomes de la paire n° 1 est placé dans un spermatozoïde, l'autre chromosome n° 1 est placé dans un autre spermatozoïde, et ainsi de suite pour toutes les paires de chromosomes.

Imaginons 23 couples enlacés pour une danse (voir *figure 10*). A un signal, les couples se disjoignent, et chaque élément d'un couple gagne un des pôles de la salle de danse. Un rideau tombe, coupant en deux la salle. Dans chacune des deux parties de la salle ne se

Figure 10 — Les « danseurs ». Disjonction normale.

Schématisation du phénomène fondamental de la méiose ou « réduction chromatique ». Au cours de la formation des cellules sexuelles, au stade ultime où apparaissent le spermatozoïde ou l'ovule, le nombre des chromosomes est réduit de moitié (espèce humaine : de 46 à 23) à la suite d'une bonne disjonction des paires de chromosomes homologues.

trouvent plus que 23 danseurs. Nous verrons bientôt que la non-disjonction de certains couples entraîne une répartition inégale des « danseurs » (par exemple 24 éléments d'un côté, 22 de l'autre). Cette anomalie est source de graves ennuis, par « déséquilibre gamétique ».

Le hasard seul préside à ce phénomène et il existe donc à cet instant 2^{23} combinaisons différentes !... Qu'on ne s'étonne donc pas que, si entre frères et sœurs, il existe bien un « air de famille », la ressemblance s'arrête là, sauf bien sûr dans le cas des vrais jumeaux issus du même œuf.

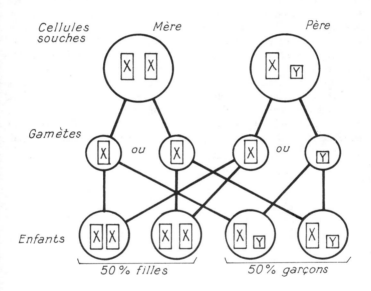

Figure 11 — La détermination du sexe.

Dans l'espèce humaine, c'est le mâle qui « détermine » le sexe de ses futurs enfants. A droite, chez le futur père, la « disjonction » au sein des cellules-souches entre l'X et l'Y va créer 50 % de spermatozoïdes porteurs de l'X (créateurs de filles) et 50 % de spermatozoïdes porteurs de l'Y (créateurs de garçons). Tous les ovules, par contre, portent un X. Dans certaines autres espèces, c'est la femelle qui détermine le sexe de ses futurs enfants.

La détermination du sexe

Même la 23ᵉ paire (les chromosomes sexuels nommés gonosomes* pour les différencier de tous les autres qu'on appelle autosomes*) est elle aussi disjointe : un ovule ne comprendra plus qu'un seul chromosome X, un spermatozoïde contient soit un chromosome X, soit un chromosome Y (voir *figure 11*). Dans l'espèce humaine, *c'est le mâle qui détermine le sexe* : 50 % de ses spermatozoïdes contiennent un X. La fécondation d'un ovule (porteur d'un X) par un spermatozoïde de ce type donnera un œuf porteur de X + X, et cet œuf donnera naissance à une petite fille. 50 % des spermatozoïdes contiennent un Y. Une fécondation d'un ovule par un spermatozoïde de ce type donnera un œuf porteur de X + Y, et cet œuf donnera naissance à un petit garçon. Il naît en moyenne 515 garçons pour 485 filles, pour une raison encore mal élucidée. Il meurt dans les deux premières années de la vie un peu plus de nourrissons mâles que de nourrissons femelles. Ce qui fait que l'équilibre se trouve rétabli vers la troisième année.

Quand tout va mal

Les accidents qui mènent à la naissance d'un enfant malade pour cause héréditaire sont provoqués à deux niveaux très différents. Ce qui a été écrit dans les pages précédentes permettra de le comprendre aussitôt.

Au niveau chromosomique, les accidents sont visibles sur le caryotype, en microscopie « ordinaire ». Le caryotype est « déséquilibré » avec des éléments ou partie d'éléments « en trop », des éléments ou partie d'éléments « en moins ». Sur 100 couples de parents qui consultent un généticien, 10 fois la question à résoudre est de niveau chromosomique, et l'étude du caryotype des consultants est indispensable avec toutes les finesses techniques qu'on doit exiger aujourd'hui.

Au niveau génique, le caryotype est alors normal, car l'anomalie concerne un très court segment de la longue molécule d'ADN, impossible à repérer, même en microscopie électronique. Il y a une « coquille », une « faute » dans la séquence du message génétique inscrit sur la double hélice. Il sera souvent nécessaire de faire appel à des laboratoires orientés vers la biochimie pour préciser la mauvaise qualité du produit (la protéine) programmé par le gène défectueux. Sur 100 couples de parents qui consultent un généticien, 90 fois la question à résoudre est de niveau génique.

Le niveau chromosomique

La première condition à réaliser pour le bon devenir d'un œuf humain, c'est que celui-ci ait reçu 46 chromosomes, 23 chromosomes

Figure 12 — Les « danseurs ». Une non-disjonction.

Au moment de la méiose ou réduction chromatique, un couple de chromosomes homologues ne se désunit pas, ne se disjoint pas, et passe en bloc dans l'un des futurs gamètes (ovule s'il s'agit d'une future mère, spermatozoïde s'il s'agit d'un futur père). Les deux gamètes nés de cette division sont déséquilibrés. L'un comporte 22 chromosomes, l'autre 24. Si ce dernier est impliqué dans une fécondation, l'œuf (24 + 23 = 47 chromosomes) sera trisomique pour la paire de chromosomes « non disjointe » dans le gamète anormal.

conformes de son père par le spermatozoïde, 23 chromosomes conformes de sa mère par l'ovule. En bref, lorsque cet œuf deviendra embryon, puis fœtus, puis enfant, adolescent, adulte, chaque cellule contiendra les 46 chromosomes qu'un caryotype bien fait permet d'aligner sans difficulté, les uns à côté des autres, paire par paire, du plus long au plus court (voir *figure 3*).

Or la fabrication des cellules sexuelles prêtes à l'emploi (on dit la gamétogénèse*, terme global pour désigner la spermatogénèse qui s'élabore dans le testicule et l'ovogénèse qui s'élabore dans l'ovaire) passe par des moments délicats. Nous avons décrit la réduction chromatique ou méiose (voir *page 45*) et le phénomène fondamental de la disjonction des paires de chromosomes homologues*. Par ailleurs, les chromosomes sont relativement fragiles. Il arrive qu'ils se cassent en certains points de prédilection. La substance qui les compose, l'énorme molécule d'ADN, est « collante » et, n'ayons pas peur des mots, « poisseuse » même [1]. Tout chromosome rompu en un point quelconque aura immédiatement tendance à se recoller. La réparation sur place au bon endroit est sans conséquence. Mais le « collage » ailleurs, sur un autre chromosome brisé lui aussi, avec échange réciproque des fragments recollés, est un incident plus sérieux. Enfin, la perte d'un fragment de chromosome est un ennui très grave.

Ces « risques du métier » du chromosome lors de la gamétogénèse peuvent être ainsi classés.

LES ABERRATIONS DE NOMBRE

Le caryotype contient un chromosome en moins (45 par exemple), ou en plus (47 par exemple). Puisque l'élément de base d'un caryotype est la paire de chromosomes homologues (donc un état « disomique »), un chromosome de moins dans une paire, c'est-à-dire un seul chromosome au lieu de deux, c'est une *monosomie**. Un chromosome de trop dans une paire, ce n'est plus une paire disomique, mais une *trisomie*. La monosomie vient de la perte d'un chromosome lors de la méiose (22 chromosomes au lieu de 23). La trisomie vient de la non-disjonction d'une paire de chromosomes lors de la méiose (24 chro-

---

1. Les Anglo-Saxons disent *sticky*.

mosomes au lieu de 23). Le phénomène de la non-disjonction n'est pas propre à l'espèce humaine. Il est commun aux règnes animal et végétal. Il existe des mouches, des souris, des chimpanzés trisomiques, de même qu'il existe des plantes dont les « variétés » trisomiques se distinguent de l'espèce normale par une taille plus petite, des fleurs ou des feuilles de forme un peu différente, d'une vitalité plus réduite.

Reprenons notre image des danseurs enlacés qui, à un certain signal, se séparent pour se rendre aux deux angles opposés de la pièce, après disjonction des couples qu'ils formaient. Sur la *figure 12*, un couple ne s'est pas disjoint et passe en bloc dans un angle de la pièce. Les danseurs seront 24 en ce point et non plus 23. Un gamète, ovule ou spermatozoïde, porteur de 24 chromosomes peut être parfaitement viable et féconder un ovule normal. L'œuf aura 24 + 23 = 47 chromosomes et va multiplier normalement ses cellules de futur adulte qui contiendront toutes 47 chromosomes.

Exceptionnellement, aucun signal de disjonction n'étant donné, la cellule sexuelle garde ses 46 danseurs... Si celle-ci est impliquée dans une fécondation, l'œuf aura 46 + 23 = 69 chromosomes. C'est une triploïdie* qui entraîne chez le nouveau-né des malformations si graves qu'il mourra au bout de peu de temps.

LES ABERRATIONS DE STRUCTURE

Elles sont toujours explicables par une ou plusieurs fractures d'un ou de plusieurs chromosomes, survenues lors de la gamétogénèse et suivies ou non de recollements qu'on dirait fantaisistes, mais malheureusement souvent viables :

— la *délétion* est la perte pure et simple d'un fragment de chromosome (voir *figure 13 a*);

— un *chromosome en anneau* résulte d'une double délétion (bras long et bras court), suivie d'un recollement (voir *figure 13 b*);

— une *fusion centrique* est due à l'accollement par leurs bras courts, au niveau de leur centromère, de deux chromosomes acrocentriques n° 13, 14, ou 21 (voir *figure 13 c*); ce phénomène réduit apparemment le caryotype d'une unité; en réalité, les 46 chromosomes sont bien là;

— une *inversion péricentrique* est une double fracture de part et

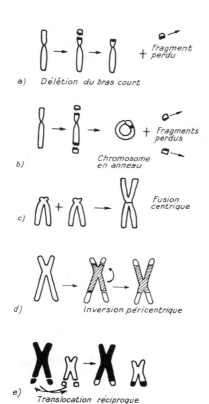

a) *Délétion du bras court*

b) Chromosome en anneau

c) Fusion centrique

d) *Inversion péricentrique*

e) *Translocation réciproque*

Figure 13 — Les aberrations chromosomiques de structure.

a) *Délétion du bras court.* Un bras court perd un fragment de chromatine (par exemple, dans la maladie dite « du cri du chat », une partie du bras du chromosome 5 a été perdue).

b) *Chromosome en anneau.* Un bras court et un bras long du même chromosome ont perdu un fragment de chromatine. Les deux extrémités adhèrent, se recollent et il se forme un chromosome « en anneau » né en réalité d'une double délétion.

c) *Fusion centrique.* Deux chromosomes se fusionnent par leur bras court. Cette « fusion centrique » entraîne apparemment une réduction du nombre des chromosomes de 46 à 45.

d) *Inversion péricentrique.* Une double « fracture » se produit et le fragment détaché se recolle « à l'envers » après rotation de 180°. Le centromère n'est plus situé au même niveau.

e) *Translocation réciproque.* Des fragments rompus de deux chromosomes se recollent, mais pas sur le chromosome originel. Ils sont « échangés » d'un chromosome à un autre.

53

d'autre du centromère* avec retournement du fragment isolé et recollement à l'envers (voir *figure 13 d*);

— une *translocation réciproque* : deux chromosomes appartenant à des paires différentes perdent chacun un fragment, mais ce fragment se recolle par erreur sur l' « autre chromosome » (voir *figure 13 e*).

Dans les trois dernières éventualités (fusion centrique, inversion péricentrique, translocation réciproque), il ne se produit généralement aucune perte de « substance chromosomique ». L'anomalie existe dans toutes les cellules du sujet qui est cependant en parfaite santé. Il a « son » matériel chromosomique complet, ce qui signifie qu'à chaque poste de travail (voir *page 36*) il a deux gènes en action, l'un venu de son père, l'autre venu de sa mère. On dit qu'il a un caryotype « équilibré ». On ne repérera cette anomalie purement cytologique qu'en deux circonstances :

— caryotype systématique de toute une population; cela coûte très cher, mais cela s'est fait sur certaines séries de nouveau-nés dans quelques pays; selon les statistiques, 1 être humain sur 400 à 600 est porteur « sans le savoir » d'une fusion centrique, d'une inversion péricentrique, ou d'une translocation réciproque;

— naissance d'un enfant anormal parce que porteur de nombreuses malformations; caryotype de l'enfant : anormal; caryotype systématique du couple, père et mère : l'un des deux est porteur d'une anomalie équilibrée qui n'a pu être décelée que dans cette malheureuse occasion.

Comment expliquer que le parent transloqué soit « normal », alors que son enfant ne peut pas l'être? En revenant (toujours) au moment de la disjonction et de la formation des gamètes parentaux. Ce père est porteur d'une fusion centrique 21 sur 21. Il semble n'avoir que 45 chromosomes. En réalité, le 21e couple de danseurs est tellement fusionné qu'il semble ne faire qu'un (voir *figure 14*). Lors du signal, le couple fusionné passera en bloc, à tout coup, dans un des angles de la pièce. Dans l'autre angle, il n'y aura aucun chromosome 21. Un gamète qui ne comporte pas de chromosome 21 n'est pas viable. Tant mieux. Celui qui transporte deux chromosomes 21 au lieu d'un est malheureusement viable. S'il est impliqué dans une fécondation, l'ovule normal apportant un chromosome 21, l'œuf portera trois chromosomes 21. *Tous* les enfants d'un tel père (heureusement peu fréquent) sont des trisomiques 21.

Figure 14 — Les « danseurs ». Un couple transloqué.
Représentation figurative d'une fusion centrique (schématisée dans la figure 13 c).

Lorsqu'on a ainsi repéré un père (ou une mère) porteur dans son caryotype d'une anomalie « équilibrée », la ponction d'amnios* avec étude du caryotype du fœtus, vers la 16e semaine, s'impose alors pour éviter (si les parents sont d'accord, bien sûr) la naissance d'un nouvel anormal. Mais un père (ou une mère) porteur d'une fusion centrique, d'une inversion péricentrique, ou d'une translocation réciproque équilibrée, a néanmoins de bonnes chances (et plus de bonnes chances que de mauvaises chances) de concevoir un enfant soit à caryotype absolument normal (comme celui du procréateur, père ou mère, dont le caryotype est normal), soit à caryotype anormal mais équilibré comme celui de son père (ou de sa mère) qui porte la curieuse anomalie. Dans ces cas nombreux, la ponction de l'amnios et l'établissement du caryotype avant la 20e semaine rassurent le couple, et on laisse évoluer une grossesse dont l'issue a toute chance d'être heureuse sur ce point particulier.

CONSÉQUENCES DES ABERRATIONS CHROMOSOMIQUES

Le fait de ne pas avoir reçu *exactement* de son père et de sa mère le même nombre de gènes perturbe gravement la formation des « couples de travail ». Les régulateurs qui président à la production de protéines par les différentes cellules de l'organisme (en l'autorisant ou en la stoppant) ne connaissent, semble-t-il, que le nombre 2, que les couples réguliers en somme. Ont-ils des ordres (de marche ou d'arrêt) à donner à un gène situé sur un chromosome, célibataire ou veuf (celui d' « en face » ayant disparu), ou bien figurant dans un ménage à 3, ils sont dépassés par l'événement et, désormais, tout va mal.

Les deux tiers des avortements spontanés précoces sont liés à des aberrations chromosomiques dont la gravité (monosomies d'autosomes, trisomies de grands chromosomes, doubles trisomies, triploïdies, tétraploïdies*, etc.) bouleverse à ce point la mécanique embryologique que l'embryon en meurt. D'où, aujourd'hui, la conduite plus logique des gynécologues-accoucheurs de laisser évoluer une fausse couche commencée sans tout faire comme autrefois pour tenter de la « raccrocher » (repos au lit, progestérone). D'autre part, on sait maintenant que certains des sujets porteurs d'anomalies de structure chromosomique « équilibrées » ne parviennent pas à mener à bien, de bout en bout, leur gamétogénèse et sont de ce fait définitivement stériles.

Les conséquences des aberrations chromosomiques qui pourraient se résumer à un *infradosage génétique* (1 seul gène au lieu de 2) ou à un *surdosage génétique* (3 gènes au lieu de 2) sont assez différentes selon que l'on considère le cas des *autosomes* (chromosomes non sexuels par paires nos 1 à 22, trouvés chez l'homme comme chez la femme) et le cas des *gonosomes* (chromosomes sexuels XX chez la femme, XY chez l'homme). Dans le cas de déséquilibre des autosomes, il y a toujours déficit intellectuel profond, malformations diverses et souvent diminution de la longévité. Dans le cas de déséquilibre des gonosomes, le déficit intellectuel est inconstant, les malformations plus discrètes, la longévité normale. Par contre, la stérilité est très fréquente.

Les autosomes

— Les *délétions*, c'est-à-dire les pertes d'un fragment plus ou moins long de matériel chromosomique, sont une catastrophe sur le plan intellectuel et sur le plan morphologique. Un certain nombre d'entre les délétions sont assez caractérisées sur le plan clinique, au point qu'un pédiatre exercé les évoque au premier coup d'œil : délétion 13 q⁻, 18 p⁻, 18 q⁻, 4 p⁻, etc. (par symbole [voir *page 33*], p est le bras court d'un chromosome, q est le bras long; l'exposant (⁻) signifie qu'une partie de ce bras long ou de ce bras court est absente sur le caryotype). La plus célèbre et la plus fréquente des délétions est la maladie du « cri du chat », ou délétion du bras court d'un chromosome 5 (5 p⁻), décrite en 1965 par Lejeune et Lafourcade : à la naissance, le nouveau-né est de petit poids, sa face est ronde, lunaire. Au lieu d'un vagissement franc et puissant, il émet un faible miaulement. Pour un accoucheur, une sage-femme, une mère, il suffit d'avoir entendu ce cri une seule fois pour ne plus jamais s'y tromper. La survie n'est pas immédiatement compromise. Le « cri du chat » s'atténue dès l'enfance et disparaît. L'âge adulte peut être atteint. Mais l'anomalie est à l'origine de la pire des arriérations qui puisse s'observer. L'adolescent marche, mais ne parle pas, ne reconnaît personne. Son quotient intellectuel* (ou QI) est inférieur à 0,20.

— Les *trisomies* : les nouveau-nés qui sont atteints d'une trisomie 13 ou d'une trisomie 18 vivent quelques semaines ou quelques mois ; la trisomie 8 peut s'observer chez l'adulte. La rareté de ces anomalies cède le pas à la fréquence de la trisomie 21 qu'on a nommée longtemps mongolisme (les Anglo-Saxons disent « syndrome de Down », bien que ce soit un Français, Seguin, qui ait donné en 1846 la première description de cette malformation sous le nom d'idiotie furfuracée*).

De nombreux ouvrages ont été consacrés à la trisomie 21, dont l'incidence moyenne est de 1 cas sur 600 naissances dans notre pays. C'est sans conteste la plus fréquente parmi les causes actuelles de déficit cérébral. Ces enfants, d'une taille inférieure à la moyenne, aux performances intellectuelles limitées (bien que beaucoup d'entre eux parviennent à dessiner, à lire, à écrire, à parler presque normalement), ont un visage assez caractéristique (obliquité des yeux en haut et en dehors, épicanthus, oreilles petites, grosse langue, nuque plate). Les plis de leurs mains sont typiques, leurs doigts courts, notamment l'auriculaire qui est souvent incurvé en « parenthèse ». Leur peau est fragile. Une fois sur cinq, il existe une malformation cardiaque le plus souvent opérable. Exceptionnellement, ces enfants présentent à la naissance une occlusion intestinale aiguë par sténose du duodénum. Bien entourés, bien protégés, ils ont désormais une longévité très améliorée, et je connais personnellement plusieurs trisomiques 21 âgés de plus de soixante ans.

Pendant près d'un siècle, on a hésité sur l'origine de la maladie. Dans des livres parus jusque vers 1956, on incriminait hardiment, sans la moindre preuve, la syphilis, l'alcoolisme, une anomalie de la sécrétion du corps thyroïde, etc. Nous savons bien, depuis 1959, grâce à Lejeune, Turpin et Marthe Gautier, que tout cela est faux. Cette maladie, qui met en cause certains moments de l'embryologie, le développement physique et surtout intellectuel, en un mot qui compromet tout l'avenir d'une existence et parfois d'une famille, est liée à la présence de ce chromosome 21 surnuméraire (il suffit même de la présence en triple d'une certaine partie très limitée de ce chromosome pour provoquer ce trouble).

98 fois sur 100, la non-disjonction qui a provoqué l'émission d'un gamète anormal à 24 chromosomes est accidentelle. Les caryotypes du père et de la mère sont normaux. Il y a très peu de risques pour que l'anomalie survienne à nouveau chez un frère ou chez une sœur

de l'enfant. On incrimine avec juste raison l'âge maternel au moment de la fécondation. Nous avons dit plus haut que la naissance d'un trisomique 21 survenait 1 fois sur 600 naissances. Ce taux de fréquence n'est qu'une moyenne : une mère de vingt ans a 1 risque sur 2 000 de connaître cet accident. Une mère de quarante-cinq ans, 1 risque sur 50. Ce risque est suffisant pour justifier désormais aux yeux de nombreux médecins la pratique de la ponction d'amnios à la 16e semaine chez toute femme enceinte de plus de quarante ans, afin de vérifier l'absence de toute trisomie 21.

Dans 2 % des cas, le trisomique 21 est le fils (ou la fille) d'un père (ou d'une mère) porteur d'une fusion d'un chromosome 21 sur un no 13, 14, ou 22, ou sur le second chromosome 21 (voir *figure 14*), plus rarement d'une translocation équilibrée sur un autre chromosome. Bien que ce cas soit rare, il faut donc toujours pratiquer le caryotype non seulement du « mongolien » présumé, mais aussi celui de ses parents. Ce serait une faute médicale de ne pas prévenir ceux-ci que le risque de voir naître à leur foyer un second enfant trisomique 21 *n'est pas faible*. Chez ces familles-là se répand aussi la pratique de la ponction d'amnios pour vérification du caryotype du fœtus, au début de chaque grossesse nouvelle, lorsque la mère ou le père présentent une anomalie de structure de leurs chromosomes 21.

Les gonosomes

— La *monosomie X* est assez fréquente (1 sur 500 naissances). Le caryotype de ces sujets montre 45 chromosomes, soit 44 autosomes normaux et un seul chromosome sexuel, X en l'occurrence. Le deuxième chromosome sexuel est absent, vraisemblablement perdu lors de la méiose d'un des gamètes responsables de la fécondation de cet œuf anormal.

L'aspect est celui décrit par Turner dès 1938 : femmes de petite taille, sans seins, sans règles (aménorrhée dite « primaire »), à la pilosité sexuelle peu développée. L'utérus reste infantile, les ovaires sont absents, remplacés par deux bandes fibreuses bien visibles par coelioscopie. La stérilité de ces femmes est, on le comprend, habituelle, bien qu'il existe quelques observations de « turneriennes » ayant pu concevoir avant que leurs ovaires ne soient totalement et définitivement atrophiés. Il existe inconstamment des malformations mineures (malformations discrètes des mains, des genoux, des coudes, des reins, visibles sur une urographie). L'intelligence de ces sujets est souvent normale ou voisine de la normale.

— La *polysomie X*. Femmes 47, XXX : 2 fois sur 3, ces femmes ne présentent aucune anomalie physique ni intellectuelle. Leur fertilité persiste, quoique diminuée. 1 fois sur 3, elles présentent des malformations mineures et sont stériles.

Femmes 48, XXXX : le déficit intellectuel est constant. 9 fois sur 10, il existe des anomalies physiques discrètes. La grossesse est très rare.

Femmes 49, XXXXX : toutes présentent un déficit intellectuel très profond et très fréquemment une malformation cardiaque.

Les hommes XXY et XYY :

- Le syndrome de Klinefelter (caryotype 47, XXY) : à la puberté, la pousse d'une poitrine de type féminin attire l'attention chez cet adolescent de grande taille. La peau est fine, la barbe rare, la pilosité sexuelle peu développée. Il existe un contraste révélateur entre la verge qui est normale et les testicules minuscules, indolores à la pression. Plus tard, le sujet consulte pour difficultés sexuelles ou stérilité. L'étude de son sperme montrera que celui-ci ne comporte pas de spermatozoïdes (azoospermie).

- Les hommes XYY : la presse a fait grand bruit, il y a quelques années, autour du « chromosome du crime ». On disposait des statistiques suivantes : dans un pénitencier écossais de « haute surveillance » où étaient concentrés un nombre important de criminels endurcis lourdement condamnés, on retrouvait une constitution chromosomique 47, XYY chez 4 % des sujets examinés. Dans une population de nouveau-nés passés au même crible (nous avons évoqué plus haut cette pratique suivie quelque temps dans certains pays), la proportion est de 1 sur 2 000. La différence entre les pourcentages est très significative. Depuis cette date, le ministère français de la Justice offre un caryotype immédiat à tout criminel de « sang » pris en flagrant délit, cela avant que l'avocat choisi ou désigné n'ait l'idée de le demander. En effet, des causes ont été jugées où la découverte d'une constitution XYY a entraîné une décision du jury tenant compte d'une atténuation de responsabilité.

Effectivement, certains de ces sujets XYY se caractérisent depuis l'adolescence par un comportement pervers, anormal. Ils « fuguent » volontiers, sont parfois épileptiques. Leur taille est supérieure à la moyenne, leur visage est parfois marqué profondément par l'acné. Mais il faut affirmer avec force que tous les généticiens connaissent des XYY découverts par hasard et qui ne sont ni plus grands ni plus petits que le Français moyen. Surtout, leur comportement est le plus normal du monde. Leur coller l'étiquette de « criminels en puissance » est une absurdité scientifique et une très lourde erreur psychologique, est-il utile de le souligner?

Le niveau génique

L'ERREUR DE CODAGE

Imaginons le responsable de la gare de triage de tout à l'heure. Il a sur son bureau les instructions codées, par groupes de trois lettres, pour « appeler » successivement 100 wagons, chacun à son tour et dans l'ordre prédéterminé imposé par les instructions.

Si tout va bien, c'est-à-dire si les instructions pour amener une rame de ce type sont classiques, et si le responsable ne commet aucune erreur personnelle, le train formé de ces 100 wagons sera « normal », c'est-à-dire prêt à remplir les fonctions que l'usager attend de lui : voitures corail, train-poste, train-couchettes, messageries, transport de matières premières, entretien de la voie, dépannage, etc.

Prenons pour exemple ce dernier type de train « lourd », comportant notamment des wagons-grues de forte puissance de levage. Le train est amené au lieu d'un éboulement obstruant la voie. Surprise : ou bien le responsable de la gare de triage s'est trompé, ou bien on lui a donné de piètres instructions. A la place des wagons-grues bien utiles pour la tâche à entreprendre, on a inséré dans la rame des wagons-citernes! Passons sur les conséquences : retards, détournement des autres trains, perte financière, recherche et punition du responsable de ce gâchis (voir *figure 15*).

Le codon qui « appelle » la sérine est UCC, celui de la cystéine UGC, celui du tryptophane UGG. Sur la *figure 16*, dans la partie de gauche, la séquence de l'ARN-messager (donc celle de l'ADN à partir duquel cet ARN-messager a été transcrit) est tout à fait correcte : UCC, UGC, UGG. Dans la chaîne protéique en cours de

Figure 15 — La gare de triage. Fonctionnement anormal.

Le responsable appelle le codon CGU au lieu du codon UGC (inversion). Le wagon-grue (cystéine-UGC) est remplacé dans le train en formation par un wagon-citerne (arginine-CGU). Le train formé (la chaîne d'acides aminés formée, c'est-à-

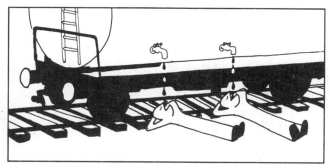

dire une protéine enzymatique par exemple) n'est plus conforme au « programme »
normal. Le wagon-citerne ne peut assurer les fonctions d'un wagon-grue. La voie
ne peut pas être désobstruée de son éboulement (voir *figure 8*) et le trafic est perturbé (« maladie par erreur du métabolisme », dit le généticien).

montage, on trouvera en ce point-là, successivement, une molécule de sérine, une molécule de cystéine, une molécule de tryptophane. Ces trois types d'acides aminés n'ont en commun que d'être des acides aminés. Leurs autres propriétés sont très personnelles, très

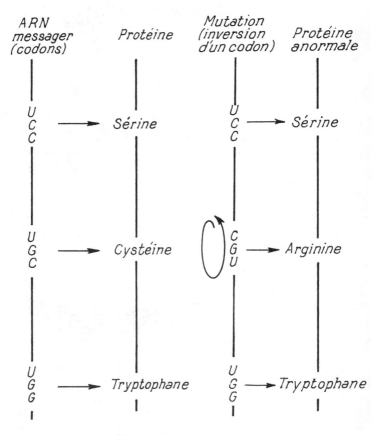

Figure 16 — Mutation par inversion d'un codon.
Schéma expliquant l'anomalie présentée dans la figure 15.

particulières. L'acide aminé agit par sa présence, là où il se trouve normalement inséré, et pour la fonction qui est la sienne.

Imaginons toujours (voir *figure 16*, partie de droite) qu'à la suite d'une mutation* spontanée ou provoquée par un agent mutagène d'origine extérieure, le codon UGC soit retourné et donc lu comme CGU. Reportons-nous au tableau du code (voir *page 38*). Le codon CGU, ce n'est plus l'appel d'une molécule de cystéine, mais celui d'une molécule d'un autre acide aminé, l'arginine. Dans la chaîne protéique en cours de montage, la séquence sera sérine-arginine-tryptophane (et non plus sérine-cystéine-tryptophane). Même surprise à l'arrivée que, tout à l'heure, la surprise des équipes de dépannage au bord de la voie!

Or la cystéine est un acide aminé qui contient du soufre, alors que l'arginine n'en contient pas. De nombreuses chaînes protéiques qui sont synthétisées en « ligne » (structure primaire) dans le cytoplasme contiennent du soufre (par les molécules de cystéine qui figurent dans la chaîne), et ce soufre sert à donner aussitôt à la chaîne un aspect en « deux dimensions » (structure secondaire) par la formation de ponts disulfure ($S = S$), jetés entre deux molécules de cystéine voisines (voir *figure 17*). Qu'une molécule de cystéine soit remplacée par un acide aminé non soufré, et le pont n'est pas jeté. La protéine perd ses propriétés. (La kératine, protéine de l'épiderme, l'insuline, hormone du pancréas, et les immunoglobulines contiennent des ponts disulfure nécessaires à leur bon fonctionnement.)

Prenons maintenant un des modèles les mieux connus des hématologistes et des généticiens, celui de l'hémoglobine : la chaîne dite β de la globine (une des quatre chaînes qui forment la molécule d'hémoglobine) est un train de 146 acides aminés dont la séquence est bien connue. Les « wagons » n°s 63 et 92 (voir *figure 18*) sont tout particulièrement nécessaires pour que la molécule d'hémoglobine joue bien son rôle de transporteur d'oxygène jusqu'au cœur des tissus. Ces deux points n°s 63 et 92 sont situés à l'entrée d'une « poche » dans laquelle est placé le groupement « hème » qui contient l'atome de fer indispensable à la fixation temporaire, réversible, de l'oxygène sur l'hémoglobine. Les points n°s 63 et 92 sont occupés par un acide aminé particulier, l'histidine. Dans certaines maladies génétiques de l'hémoglobine, héréditairement transmises, l'histidine (codon CAU) est remplacée par un autre acide aminé, la tyrosine (codon

UAU). Le groupement « hème » est de ce fait inaccessible (voir *figure 18*). La grosse molécule d'hémoglobine devient une molécule de méthémoglobine*, ne peut plus « larguer » son oxygène à la demande, devient fonctionnellement inutilisable. Le sujet malade présente une cyanose* congénitale : petites causes, grands effets.

LES CLOCHARDS BLEUS

Il me souvient qu'étant avec mes camarades externes et internes en service d'urgence à l'hôpital Édouard-Herriot, nous avons découvert l'existence de la « méthémoglobinémie » d'une curieuse façon. (A l'époque, cette anomalie connue pourtant depuis longtemps n'était guère enseignée à la Faculté.) Ce grand hôpital, particulièrement en fin de semaine et par temps contraire, draine un assez grand nombre de « marginaux », titubants ou somnolents, que nous avions appris à reconnaître, d'une « garde » à l'autre. Parmi ceux-ci, deux frères d'une

I

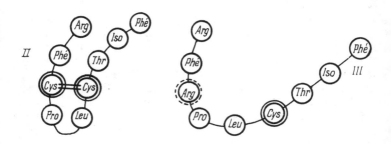

II   III

Figure 17 — Conséquence d'une mutation. Défaut d'un pont disulfure.

En haut, chaîne protéique normale (I) : aux points 3 et 6 figure une molécule d'un acide aminé soufré, la cystéine. Normalement, les deux molécules de cystéine vont se lier en jetant entre elles un pont disulfure S = S et la molécule prendra une forme particulière « fonctionnelle » normale (II). En III, une des molécules de cystéine est remplacée à la suite d'une mutation par une molécule d'arginine qui ne contient pas de soufre. Le pont disulfure n'est pas jeté. La molécule ne peut prendre sa forme et une maladie peut être créée de ce seul fait.

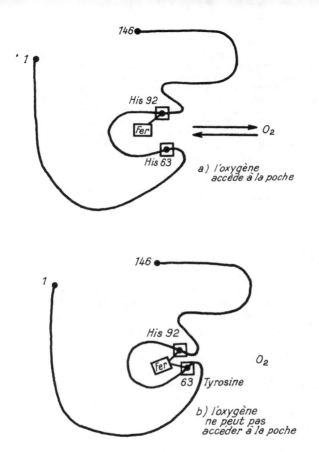

Figure 18 — La méthémoglobine.

En haut : fonctionnement d'une chaîne d'hémoglobine normale. Au point 92, une molécule d'histidine. Au point 63, une molécule d'histidine. La « poche » (au fond de laquelle est situé l'hème porteur de fer) est libre, permettant l'accès de l'oxygène qui, alternativement, se fixe puis quitte l'atome de fer, qui assure son transport normal au niveau des tissus.

En bas : à la suite d'une mutation, au point 63 figure à la place de l'histidine une molécule de tyrosine, acide aminé qui se lie anormalement à l'hème porteur de fer, bloquant l'entrée de la « poche ». L'oxygène ne peut plus accéder, l'hématose n'est plus assurée correctement, le sujet atteint présente des téguments cyanosés par asphyxie tissulaire.

67

trentaine d'années, habituellement domiciliés sous l'arche rive gauche de l'ancien pont de la Guillotière, aujourd'hui disparu, étaient de vrais habitués. L'ambulance de la police les amenait, debout ou couchés. Leur teint était d'un violet-noir. Dans les premiers temps, aussitôt débarqués, on les « intubait », on les « aspirait » et on les plaçait sous une tente à oxygène, sans grand succès quant à l'amélioration de leur cyanose. Jusqu'au moment où un « ancien », passant par là, les reconnaissait, débranchait les tuyaux, puis les faisait conduire dans la baignoire (vide) où ils terminaient tranquillement leur nuit avant de nous quitter au petit matin. Le diagnostic de méthémoglobinémie avait été un jour vérifié au laboratoire par un interne savant. Il s'agissait d'une forme compatible avec une existence relativement normale, et sans thérapeutique particulière. Ils étaient nés dans une roulotte, d'une union consanguine.

LES CONSÉQUENCES DE L'ERREUR

Nous venons, à titre de démonstration, d'utiliser l'exemple de la méthémoglobinémie, assez bien connue dans ses détails. Il y a un peu plus de 2 000 maladies géniques inventoriées. Certaines d'entre elles sont exceptionnelles, d'autres sont fréquentes. Le mécanisme de quelques-unes est parfaitement analysé, celui de nombreuses autres est en voie de l'être. Des inconnues subsistent, mais toutes ces génopathies (voir *encadré 1*) sont vraisemblablement liées directement ou indirectement au même phénomène, tel celui du retournement d'un codon (UGC qui devient CGU) ou du remplacement, sur la longue hélice de l'ADN, d'un « échelon codé » par un autre « échelon codé », ce que l'on appelle une *mutation génique*.

L'embryologie

Elle est la première à souffrir lorsque le programme parental est défectueux. Ce qui ne veut pas dire que toutes les malformations soient attribuables à une génopathie, c'est-à-dire aux architectes. L'entrepreneur peut avoir sa responsabilité, et si l'on y prend soin la maison suivante sera bien construite. Mais, en génétique, on ne peut pas, une fois le couple constitué, changer d'architecte. On peut surveiller les chantiers avec plus d'attention, éviter les erreurs des techniciens. On ne peut pas changer les plans.

Or les inducteurs de l'embryogenèse, codés par l'ADN du père et de la mère, sont probablement des protéines. Tout porte à le croire, bien que la preuve n'en soit pas encore totalement établie ; par eux, l'œuf humain, cellule unique, devient blastomère*, puis blastocyste*, oriente son axe d'avant en arrière, élabore pour un temps bref une chorde dorsale* et un système de branchies, creuse au contact de la chorde un sillon neural, puis le ferme en un tube, développe un cœur à quatre cavités, pousse vers l'avant le futur cerveau, situe ses organes des sens, localise ses viscères définitifs, ébauche ses membres, détermine son sexe futur dans un sens masculin ou féminin, selon que le spermatozoïde paternel amena avec lui un chromosome Y ou un chromosome X.

Il naît en France chaque année entre 12 000 et 20 000 enfants malformés. La gravité de l'anomalie est variable, allant du préjudice esthétique discret, au grand déficit, opérable ou non, améliorable ou non.

Lorsque naît un enfant malformé, le premier souci de l'accoucheur et du pédiatre de la maternité doit être de mettre une étiquette précise sur la ou les malformations présentées par le nouveau-né. Si l'enfant meurt, il faut faire l'autopsie. Nous reviendrons plus loin sur cette douloureuse nécessité. Sinon, comment aider plus tard le généticien à répondre à la question angoissée des parents : *Ce drame risque-t-il de se reproduire ou non, une fois de plus, dans notre descendance ?* Le deuxième souci est donc, chaque fois que cela est possible, de trouver la cause de la malformation, aberration chromosomique par le caryotype (nous venons d'envisager cette question il y a un instant) ou agent extérieur pouvant être accusé d'avoir provoqué une embryopathie (voir *encadré 1*) ou une génopathie déjà connue comme telle, c'est-à-dire décrite dans les dictionnaires, atlas, livres, revues, fiches dont disposent les services hospitaliers de pédiatrie et de génétique.

Parfois, certaines anomalies invisibles à la naissance ne s'exprimeront que beaucoup plus tard : malformation cardiaque à révélation différée, rein unique ou rein triple, vertèbres supplémentaires ou moelle épinière dédoublée, côtes soudées, surdité par absence de développement embryologique de l'oreille interne, absence de quelques bourgeons dentaires, etc.

Les structures

Un enfant naît apparemment bien conformé. Ses organes sont en place, sa morphologie normale. Néanmoins, son avenir est compromis parce que l'une des cellules-clés de son économie ne remplit pas, ou mal, son ou ses rôles. Les instructions génétiques qu'elle a reçues sont erronées. Ainsi, une cellule osseuse construit trop d'os compact. La moelle osseuse, source de la plupart des éléments figurés du sang (globules rouges, leucocytes polynucléaires*, plaquettes*), ne peut se développer à l'aise, coincée dans ce fourreau inhabituel et envahissant : c'est l'anémie, les hémorragies par absence de plaquettes, l'infection par absence de polynucléaires. Sur les radiographies, la clé du diagnostic : la maladie des « os de marbre », bien nommée, qui est d'origine génétique. A l'inverse, une cellule osseuse, notamment dans la région située tout près du périoste, ne calcifie pas assez l'espace tout autour d'elle. Les os se rompent spontanément. Sur les radiographies, la clé du diagnostic : la maladie des « os de verre », tout aussi bien nommée, qui est d'origine génétique.

La cellule principale du tissu conjonctif, dit aussi « tissu de soutien », est le *fibroblaste*. Cette cellule élabore, sous commande génétique, deux protéines de la plus haute importance, dont la structure chimique commence à être bien connue : le collagène et l'élastine. Le fibroblaste module merveilleusement ces synthèses selon qu'il doit jouer « serré » le long de la colonne vertébrale pour lui servir de soutien, ou dans les grosses artères qui doivent être à la fois élastiques (pour encaisser les coups de boutoir de la systole* cardiaque) et résistantes, ou qu'il doit jouer plus « souple » dans l'atmosphère qui entoure les articulations pour ne pas enraidir celles-ci.

Dans la maladie de Marfan, le fibroblaste, dont l'activité saisie en microcinématographie montre qu'il tisse sa toile de collagène et d'élastine comme le ferait une araignée, tisse une toile de mauvaise qualité : l'aorte risque de se rompre, de même que peuvent se rompre à la surface du poumon des bulles d'emphysème remplies d'air sous pression (la rupture créant un « pneumothorax spontané »). La colonne est le siège d'une scoliose, le sternum se déforme en « carène » ou en « entonnoir ». Les hernies ne sont pas rares. Le cristallin, qui n'est plus retenu par le petit ligament qui le soutient, s'échappe et se luxe en arrière dans le globe oculaire. A opérer d'urgence si l'on veut éviter la perte fonctionnelle de l'œil. Tous ces incidents touchant des organes très différents sont liés à une même cause, une maladie génétique encore imparfaitement analysée dans ses désordres cliniques intimes, et frappent une seule et même cellule, le fibroblaste.

D'autres progrès des recherches sont attendus, particulièrement dans le domaine des protéines du muscle dont la destruction progressive entraîne les *myopathies**, maladies invalidantes qui frappent l'enfant et l'adulte. Il en existe des formes différentes. A l'origine de chacune d'elles, un gène « muté » différent. Certains d'entre eux sont portés par le chromosome X. On attend ainsi beaucoup de la recherche médicale pour d'autres maladies qu'on abrite pour l'instant sous le vocable cache-misère d' « abiotrophies », ce qui évite au moins de se compromettre sur leur origine : cataractes familiales, « dégénérescences » de la rétine, du nerf optique, de la moelle épinière (rappelons-nous l'exemple cité plus haut de la maladie de Strumpell-Lorrain), polynévrites familiales, surdités familiales tardives, etc.

Les protéines circulantes

Elles sont très nombreuses. A chacune d'entre elles correspond une ou plusieurs anomalies d'origine génique qui peuvent entraîner des troubles très graves :

1. *Les hémoglobinopathies.* La méthémoglobinémie nous a servi d'illustration d'une erreur de codage. Or il existe plus de 100 hémoglobinopathies actuellement décrites, toutes liées à des erreurs de codage parfaitement analysées. Selon la « place » où est inséré l'acide aminé indésirable, on a une simple anomalie détectable seulement dans un laboratoire très spécialisé, ou une maladie sévère, parce que « déglobulisante » (on dit anémie hémolytique*). La plus célèbre d'entre elles, très fréquente chez les Noirs, est l'hémoglobinose ou drépanocytose. Les enfants ayant reçu un gène S de leur mère ne peuvent synthétiser dans leurs érythroblastes* de la moelle osseuse qu'une hémoglobine très anormale. Les globules rouges sont sensibles à la moindre baisse de la tension en oxygène, prennent alors une forme de faux (d'où le nom parfois donné à cette maladie d'a-

némie à « cellules falciformes »), s'agglomèrent et bloquent le torrent circulatoire avant d'être détruits. La survie au-delà de cinq ans est rare pour l'enfant homozygote, c'est-à-dire pour l'enfant « double-dose S/S ». (Il y a deux « mauvais ouvriers » au poste de construction de la chaîne β de l'hémoglobine. Au point n° 6, au lieu d'insérer dans la chaîne protéique en voie de formation une molécule d'acide aminé « acide glutamique », ils insèrent une molécule d'acide aminé « valine », ce qui compromet gravement la solidité de la molécule d'hémoglobine.)

2. *Facteurs protéiques de la coagulation du sang.* Les maladies génétiques de la coagulation sont des troubles simples, consistant le plus souvent en un déficit portant sur une seule des protéines facteurs de la coagulation (donc causé par la mutation d'un seul gène responsable du programme de la synthèse de ce seul facteur). On peut ainsi dire que chaque facteur connu possède « sa » déficience d'origine génétique (voir *tableau*, ci-dessous).

Facteur I	Fibrinogène (3 mutations différentes)
Facteur II	Prothrombine
Facteur V	Proaccélérine
Facteur VII	Proconvertine
Facteur VIII	Facteur antihémophilique A
Facteur IX	Facteur antihémophilique B
Facteur X	Facteur Stuart
Facteur XI	Facteur antihémophilique C
Facteur XII	Facteur Hageman
Facteur XIII	Facteur stabilisant de la fibrine

Soit 12 mutations géniques à l'origine d'un trouble de la coagulation. Les chiffres romains non cités sont soit des facteurs non génétiques (le calcium facteur IV, par exemple), soit des facteurs trop complexes ou non indispensables (III, VI).

3. *Les déficits immunitaires génétiques.* La génétique de la réponse immune * est encore plus complexe que la génétique de la coagulation du sang. Il n'est pas dans notre intention de la décrire dans ce livre. Elle met en jeu le thymus*, les lymphocytes des deux types (dits T et B), et le mécanisme de défense qu'est la phagocytose*.

Pour l'instant, près d'une vingtaine de maladies génétiques différentes sont analysées.

L'aspect le plus spectaculaire pour le public de ces affections est ce qu'il en filtre parfois dans la presse lorsqu'on parle de « greffe réussie du thymus » ou d'accouchement « dans une bulle » (entendez par là une naissance quasi directement dans un réceptacle absolument aseptique où le nouveau-né va rester le temps qui lui est nécessaire pour éviter d'être contaminé par des infections graves qui le tueraient à coup sûr puisqu'il n'a pu lui-même élaborer ses propres mécanismes de défense antimicrobiens, à la suite de la mutation anormale d'un gène essentiel à cette défense).

Les enzymes

Plusieurs milliers d'enzymes indispensables au fonctionnement d'un organisme humain sont connues, classées. Ce sont des protéines dont la séquence en acides aminés commence à figurer dans des atlas spéciaux auxquels on ajoute sans cesse des pages et des formules nouvelles.

Ces molécules indispensables, vitales, comportent en un lieu déterminé un « site actif » où le substrat* à modifier sera capté, inséré, converti, puis relâché. La présence et l'efficacité de ce site actif sont capitales pour que la molécule conserve, en trois dimensions, sa valeur fonctionnelle, c'est-à-dire son action efficace sur le substrat. De même que plus haut, en matière d'hémoglobine, la moindre modification structurale risquait de faire perdre tout intérêt à la molécule, là encore le maillon indésirable d'un acide aminé mal placé ou remplacé compromet l'essentiel. Donc l'affinité de l'enzyme pour son substrat est étroitement conditionnée par la structure du site actif, et l'efficacité de la catalyse* s'exprime par la vitesse de la réaction obtenue.

La mutation d'un gène codant pour la synthèse d'une protéine à fonction enzymatique altère la fonction ou sa vitesse d'exécution par le biais d'une variation de la structure primaire, donc d'une altération du site fonctionnel de l'enzyme.

Une des conséquences en médecine humaine de ces *enzymopathies d'origine génétique* est le *blocage* suivi de *déviation* métabolique, dont les conséquences peuvent être extrêmement graves. Plusieurs centaines de « maladies par erreur innée du métabolisme » sont connues actuellement. On ne nous tiendra pas rigueur de n'en évoquer que quelques-unes, parmi les plus courantes et les mieux élucidées.

On peut concevoir ainsi, dans un schéma devenu classique, le développement d'une séquence métabolique :

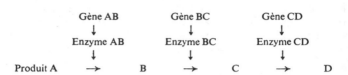

Si le gène CD est muté, l'enzyme CD est absente ou inactive. Il se crée un blocage entre C et D dont les conséquences sont les suivantes :

— La première conséquence possible sera l'absence de produit D dans l'organisme.

— Si D, produit terminal, exerce normalement par sa présence une action régulatrice sur sa propre fabrication, le mécanisme risque de s'accélérer en amont.

— Le produit précurseur s'accumule. C'est là l'origine de la plupart des maladies dites « de surcharge », le produit accumulé pouvant ou non provoquer des phénomènes toxiques.

— Le blocage peut entraîner le développement anormal d'une voie secondaire, habituellement peu utilisée. C'est la déviation métabolique proprement dite. Un produit habituellement absent ou en faible quantité dans les cellules ou les produits d'excrétion comme l'urine apparaît à son tour.

La phénylcétonurie* peut illustrer ce phénomène du blocage enzymatique. Le déficit d'une enzyme hépatique ne permet plus la transformation de phénylalanine en tyrosine. La phénylalanine voit son taux augmenter dans le sang et le développement cérébral du nourrisson est entravé. Le mécanisme de cette anomalie a été si bien percé à jour qu'elle est dépistée dès la naissance par le test de Guthrie. C'est une arriération mentale évitable dont nous aurons l'occasion de reparler.

Dans le *tableau*, ci-après, figurent quelques-unes des maladies enzymatiques les moins rares :

Métabolisme des sucres	Glycogénoses, galacto-sémie
Métabolisme des acides aminés	Phénylcétonurie, albinis-me, alcaptonurie
Métabolisme des lipides	Idiotie de Tay-Sachs
Métabolisme des purines	Goutte, hyperuricémie du nourrisson
Métabolisme des stéroïdes	Hyperplasie surrénale congénitale
Métabolisme des mucopolysaccharides	Gargoylisme (ou maladie de Hurler), maladie de Morquio
Transfert des métaux................	Hémochromatose (fer), maladie de Wilson (cui-vre)
Anomalie des mucoprotéines	Mucoviscidose

Le « terrain » héréditaire

Dès l'instant de la conception jusqu'à sa mort, l'être humain se trouve, d'abord par l'intermédiaire de la mère qui le porte, puis « en direct » après sa naissance, exposé à quatre grands types d'événements extérieurs :

— les traumatismes physiques et psychiques ;

— les infections microbiennes, virales, parasitaires ;

— les intoxications accidentelles, professionnelles, médicamenteuses, volontaires ;

— la malnutrition, globale ou sélective par déséquilibre alimentaire ou carences.

Notre trajectoire personnelle peut nous éviter tout ou partie de ces aléas. Ou bien nous les faire traverser. Certains y laissent la vie. D'autres guérissent ou supportent l'épreuve avec facilité. Inégalité de la destinée, mais aussi inégalité des « terrains constitutionnels ». Cette notion hippocratique fut très décriée dans la première moitié de ce siècle. On lui reprochait de masquer d'un mot la pauvreté navrante des thérapeutiques.

Il est des affections d'origine purement génétique. Il est des affections d'origine purement écologique. Il est manifestement des affections qui tiennent et de l'hérédité et du milieu. N'importe quel humain placé dans les mêmes conditions extérieures ne « fait » pas n'importe quoi. On parle alors de maladies à déclenchement « multifactoriel ».

La *pathologie dite « psychosomatique »* — ulcère gastro-duodénal de « contrainte », hypertension artérielle « essentielle », certaines dermatoses — frappe plus volontiers les membres d'une même famille.

L'*allergie* est souvent « familiale » elle aussi, notamment sous sa forme la plus spectaculaire, l'asthme bronchique qui commence à être mieux cerné par l'étude de certaines immunoglobulines. L'œdème angioneurotique héréditaire, qui peut tuer par œdème de la glotte, est rapproché des désordres d'une certaine protéine du sérum assez complexe, dénommée le complément*.

Qu'en est-il des maladies « les plus fréquentes qui font mal et coûtent cher à la société» ?

Les *maladies neuropsychiatriques :* l'arène est ici brûlante. Au risque de trop simplifier, je conserverai la facile distinction entre névroses* et psychoses*. La société où nous vivons accroît considérablement le nombre des premières. Une névrose s'induit plus facilement qu'elle ne s'hérite. Disons qu'il doit exister génétiquement des facteurs de « résistance à la névrose expérimentale », et qu'une même agression entraînera des résultats d'inégale ampleur selon le sujet agressé. La société où nous vivons n'a pas accru le nombre des psychotiques. Elle nous a rendus plus intolérants à leur existence et elle aggrave leurs troubles. Mais on doit convenir qu'il y a bien un gène de la psychose maniaco-dépressive et qu'il s'agit d'une maladie neuro-chimique dont le support cellulaire et protéique sera découvert sans trop tarder. Pour la schizophrénie, à mon sens, il y a match nul entre généticiens et non-généticiens. Les arguments avancés par les uns et par les autres sont d'égale valeur.

Le cancer ou plutôt les *cancers.* Le phénomène assez banal que constitue une mitose anarchique peut être déclenché par des agents provocateurs très divers. Il y a des cancers purement écologiques : leucémie des radiologistes, cancer de la peau des décolleteurs de la vallée de l'Arve lié à la manipulation d'une certaine huile, cancer du poumon des viticulteurs du Beaujolais qui, dans les années quarante, utilisèrent pour poudrer leurs vignes (le sulfate de cuivre faisant défaut) des produits arsenicaux, asbestose*, cancer de la vessie des ouvriers manipulant certains colorants à base d'aniline. La prévention, *a posteriori* malheureusement, a pu faire disparaître un certain nombre de ces cancers. Mais on en décrira de nouveaux. A l'opposé, il est des cancers purement génétiques, heureusement exceptionnels. La polypose recto-colique* est de ceux-là. Tout grand enfant d'un homme ou d'une femme qui a subi l'ablation du côlon pour cette maladie doit être radiographié chaque année. Au premier signe d'évidence, l'adolescent ou le jeune adulte doit subir la même sérieuse opération que son ascendant. La maladie est en effet bénigne pendant quelques années (polypes bénins), puis elle se cancérise (polypes malignisés). Une certaine forme de cancer de la rétine (glioblastome) est elle aussi liée très souvent à l'héritage d'un gène à potentialité cancéreuse. La guérison intervient au prix de l'énucléation de l'œil atteint.

L'*athérome* est la première cause de mortalité dans nos pays. Jusque vers l'âge de vingt ans, une artère vue de l'intérieur est un conduit sans défaut, souple, lisse, brillant. Le phénomène de l'athérome, qui va dès cet âge altérer ces belles qualités, passe généralement pour signe banal et inéluctable de la sénescence artérielle. Cela n'est pas tout à fait vrai, car ne fait pas un athérome « précoce » qui veut.

D'abord, d'où vient ce vocable qui a peu à peu détrôné celui d'artériosclérose ? D'un terme emprunté à un dialecte dorique, *atharos*, qui signifie « bouillie de gruau ». Ce terme est bien choisi si l'on considère que les chirurgiens vasculaires ramonent, désobstruent, remplacent et « pontent » quotidiennement les artères atteintes par cette maladie.

Quel est le lieu d'élection de la plaque d'athérome, dépôt situé dans la partie moyenne (ou média*) de la tunique artérielle, mais qui peut ulcérer la partie interne de cette tunique (l'intima) et lâcher dans le torrent circulatoire de petits fragments, source d'embols ? Vous vous êtes souvent penchés sur le parapet d'un pont pour admirer une rivière bouillonnante. Au niveau des piles, là où le courant doit se diviser, se forment de dangereux remous. Des débris arrachés tournent dans ces remous, l'eau y stagne plus ou moins longtemps. Le lieu d'élection des dépôts athéromateux, ce sont les bifurcations artérielles : bifurcation aortique au fond de l'abdomen, contre la 5e vertèbre lombaire, bifurcation des carotides, derrière et un peu en dessous de l'angle de la mâchoire, bifurcation des artères coronaires du cœur bien visibles sur les « coronarographies » aujourd'hui couramment pratiquées.

D'où la fréquence :

— des hémiplégies*, avec ou sans aphasie*, lorsque la plaque siège sur les carotides ;

— des oblitérations aiguës ou chroniques des artères des membres inférieurs (dont l'aboutissement fatal était autrefois la gangrène des orteils et des pieds), lorsque la plaque siège sur le « carrefour » aortique ;

— de l'angine de poitrine, signe de souffrance du muscle cardiaque en insuffisance circulatoire, dont la complication majeure est l'infarctus du myocarde lorsqu'un caillot se forme à l'endroit modifié par l'athérome, dans une artère coronaire.

L'origine de l'athérome est multifactorielle :

— l'écologie joue : tabagisme, alcoolisme, nervosité, angoisse, surmenage, déséquilibre nutritionnel avec abus de lipides au détriment des protides ;

— l'hérédité joue, non pas liée à un seul gène, mais à plusieurs gènes anormaux : ceux qui dérèglent le niveau stable de certains composants normaux du sérum, les triglycérides*, le cholestérol, les lipides ; ceux qui sabotent la résistance de la paroi artérielle à la pénétration dans la média de toutes ces molécules qui vont créer la « bouillie de gruau » dont nous parlions tout à l'heure.

Il y a donc des athéromes précoces « immérités », comme il y a pour d'autres raisons génétiques des gouttes « imméritées ». Le sujet est sobre, mène une vie exemplaire. Mais son hérédité le pousse à surcharger très vite ses parois artérielles. L'étude des jumeaux vrais, élevés ou non dans des conditions différentes, est démonstrative à cet égard.

Il est des gens se permettant tous les mets interdits, vivant sans contrôle biologique de leur état artériel, qui franchissent sans histoire une longue sénescence, et dont les parois artérielles, à l'autopsie, sont relativement (jamais totalement) préservées d'athérome. Ils sont morts d'autre chose, ou de « vieillesse ». Souvent, leur hérédité était sur ce chapitre « légère ». Leurs parents, leurs collatéraux avaient connu un bon troisième âge artériel. Les compagnies d'assurance-vie, qui dans leur questionnaire vous demandent toujours de quoi sont morts vos parents et à quel âge, connaissent depuis longtemps ce phénomène...

Enfin, l'*hérédité de terrain* renaît sous une optique nouvelle et très scientifique. Nous avons parlé des antigènes de groupes sanguins, notamment à propos du système rhésus. Les globules ne sont pas les seules cellules de l'organisme à être revêtues d'antigènes. Le Français J. Dausset a découvert les « groupes tissulaires » ou système HLA (*human leucocytes antigens*), présents non seulement sur les leucocytes (globules blancs), mais sur un grand nombre d'autres cellules. Le système HLA est un système d'histo-incompatibilité puisque, avec le système ABO et rhésus, il est le principal obstacle aux hétérogreffes*.

Or on découvre peu à peu que certaines maladies dites du terrain, classées « familiales » faute de mieux, parce que l'on ne pouvait affirmer qu'elles étaient vraiment d'origine génétique, n'atteignent pratiquement que les individus porteurs d'un « certain » groupe HLA :

— en rhumatologie, l'association la plus frappante est sans conteste celle de la *spondylarthrite ankylosante** avec le groupe HLA dit B_{27};

— en dermatologie, l'association est fréquente entre *psoriasis** et le groupe HLA dit BW_{17};

— en pédiatrie, la *maladie coeliaque**, par intolérance au gluten, est étroitement associée au groupe B_8;

— en neurologie, la *sclérose en plaques* survient dans 70 % des cas chez des sujets $HLA-DW_2$.

On n'est pas plus avancé cependant sur l'origine de l' « agent » qui pénètre ces organismes « prédestinés » et provoque les maladies fréquentes dont nous venons de parler (virus? agent chimique?). Mais tous les généticiens suivent passionnément les progrès des connaissances en ce nouveau domaine, car, de surcroît, comme nous le verrons plus loin (*page 107*), le système HLA a d'autres implications génétiques du plus haut intérêt.

LA TRANSMISSION DE L'ERREUR

Elle ne peut être expliquée aux parents avec sécurité, lors du conseil génétique, qu'à certaines conditions :

— diagnostic de l'affection absolument affirmé,

— hérédité de l'affection liée à la transmission d'un seul gène ou d'un couple de gènes homologues anormaux,

— connaissance parfaite de la généalogie et filiation authentique assurée...

Ces conditions étant remplies, reste la mission d'information, toujours délicate. Les lois de Mendel sont « pédagogiquement » assez simples à expliquer. Mais les conclusions débouchent sur un risque plus ou moins probable : 25 %, 50 %, plus rarement 100 %. C'est la loterie mendélienne, la « roulette russe » comme les parents nous le rétorquent. C'est un « pronostic pour un être qui n'existe pas », un « Concerto pour une ombre ». Médecine très difficile. Dans certaines génopathies, un diagnostic de l'anomalie est possible par une ponction de l'amnios à la 16e semaine. Mais, contrairement à ce que l'on a trop dit et trop écrit, cette technique sur laquelle nous reviendrons (voir *page 154*) ne règle qu'une partie infime des problèmes de conseil génétique.

Dominance et récessivité

Ce sont des notions établies par Mendel en 1865. On doit parfois les nuancer. Dans l'ensemble, elles restent applicables et doivent être parfaitement comprises des parents intéressés et des médecins. Le plus simple, pensons-nous, est d'avoir recours au dessin (voir *figure 19*).

Dans une cellule en action (c'est-à-dire en dehors du moment où elle se divise en mitose), deux ouvriers, l'un venu du père par le spermatozoïde, l'autre reçu de la mère par l'ovule, collaborent à la même tâche et sont régulés à cet effet. Cette tâche, nous la connaissons bien : construction directe d'une protéine de structure, ou circulante en faisant attention de ne pas y insérer un chaînon d'acide aminé indésirable ; construction directe d'une protéine enzymatique. Même souci. La synthèse d'une enzyme incapable perturbera le métabolisme dans lequel elle est impliquée (bloc métabolique ou déviation, « erreur » en un mot).

Quatre cas peuvent se présenter :

— « Bon gène » paternel + « bon gène » maternel = double dose de bon travail. C'est la règle. Tout se passe bien chez cet *homozygote* normal*, pour ce poste-là de travail (voir *figure 6*).

— « Gène muté » paternel + « bon gène » maternel (ou l'inverse, ce qui revient exactement au même). Le malveillant se croise les bras ou synthétise un produit aberrant, non conforme, ridicule. Aucune importance. Le « bon » gène, en face, assure suffisamment de travail, parce qu'il est le plus fort, dominant*, pour qu'à la sortie de l'usine on ne remarque rien d'anormal, à un examen superficiel (voir *figure 19 a*). On estime (d'après de savants calculs) que tout être humain

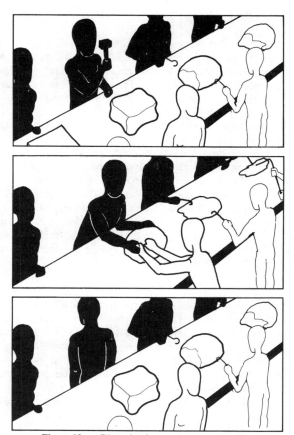

Figure 19 — Gènes dominants et gènes récessifs.

a) Le gène venu du père (en noir) travaille normalement. Le gène venu de la mère est anormal, ne travaille pas. L'anomalie n'est pas décelable cliniquement, car le « bon » gène est dominant, le « mauvais » gène est récessif.

b) Le gène maternel (en blanc) normal serait capable d'effectuer le travail. Mais il est récessif par rapport au gène paternel (noir) anormal qui est dominant et l'empêche de s'exprimer. L'anomalie est donc décelable cliniquement (maladie dominante chez un hétérozygote « simple-dose »).

c) Les deux gènes (paternel et maternel) sont récessifs anormaux. Aucun « bon » gène n'étant présent, la fonction n'est pas assurée, le produit livré est anormal, l'anomalie est cliniquement apparente (maladie récessive chez un homozygote « double-dose »).

présente ainsi une dizaine de points faibles, ce qui est peu en regard des dizaines de milliers de postes de travail. On dit qu'il est hétérozygote* pour une dizaine de gènes anormaux, heureusement *récessifs*, c'est-à-dire cachés par le gène normal dominant situé « en face ».

— Même situation que la précédente, mais cette fois, hélas, le malveillant est le plus fort, il est *dominant* et, quoi que l'on fasse, la maladie génétique s'exprime et le sujet frappé en extériorise tous les signes (voir *figure 19 b*).

— Un sujet a reçu, au même poste de travail, un gène « muté » de son père, et un gène « muté » de sa mère, normalement récessifs, c'est-à-dire incapables de s'exprimer lorsqu'ils sont tout seuls. Dans ce cas-là, ils sont deux incapables, face à face. La fonction du poste n'est plus assurée. La maladie éclate, bien que récessive, parce que le sujet est un *homozygote double-dose* pour le gène anormal. La production de la protéine normale tombe à 0 %. Et cela se voit par l'examen clinique avec ou sans l'aide de la biochimie apportée par le laboratoire (voir *figure 19 c*).

Hérédité autosomique

Si l'on excepte le cas particulier des gènes portés par les chromosomes sexuels ou gonosomes (inégaux chez l'homme XY), et que nous envisagerons un peu plus loin, que va-t-il se passer dans ces quatre situations lorsque le sujet porteur de ces couples d'ouvriers dans toutes ses cellules somatiques va devoir procéder, pour préparer son avenir héréditaire, à la réduction chromatique ou méiose (voir *page 45*)? Il faut qu'il sépare les éléments de chaque couple d'ouvriers situés chacun dans un des deux autosomes d'une paire homologue, comme se séparent ces autosomes eux-mêmes lors de la disjonction dont nous avons longuement parlé.

Cas n⁰ 1 : aucun ennui. Tous les spermatozoïdes (ou tous les ovules) hériteront d'un « bon gène » pour ce travail-là.

Cas n⁰ 2 : la moitié des gamètes (spermatozoïdes ou ovules, selon que l'on est un futur père ou une future mère) recevra un bon gène, l'autre moitié un *gène anormal récessif* comme tout être humain en porte une dizaine. Aucun ennui. Sauf si le hasard veut que lors de la fécondation le gamète complémentaire apporte justement un gène « muté » en face, pour le même poste de travail. Le cas est très rare, en dehors des mariages entre apparentés sur lesquels nous reviendrons. Mais sera créé un malade dont les cellules correspondront au cas n° 4 (homozygote double-dose).

Cas n° 3 : une fois sur deux, le spermatozoïde ou l'ovule comporte un gène dominant anormal, et le procréateur malade va transmettre une fois sur deux sa maladie à ses descendants, garçons ou filles.

Cas n° 4 : tous les spermatozoïdes de cet homme, ou tous les ovules de cette femme, frappés eux-mêmes d'une maladie récessive homozygote seront porteurs de ce gène récessif anormal. Aucun ennui dans la grande majorité des cas, car le hasard des rencontres voudra le plus souvent que, dans le même poste de travail de ce même individu, un gène normal se trouve installé en face. Et pour ce sujet de deuxième génération, on retombera dans le cas n° 2 qui n'est pas catastrophique (celui d'un « conducteur » à l'état hétérozygote d'un gène muté). Tous les enfants d'un sujet malade d'une génopathie liée à l'existence d'un couple homozygote de gènes anormaux, marié à un sujet tout à fait normal, sont cliniquement normaux. Mais tous sont conducteurs en simple-dose, à l'état hétérozygote, du gène anormal. Toutefois, il faut faire attention désormais aux mariages entre apparentés qui risquent de « ramener » en face le gène malade identique avec son « air de famille » (voir plus loin) lors de la deuxième génération.

1. *L'hérédité autosomique dominante.* La maladie de Rendu-Osler ou angiomatose hémorragique se manifeste par des hémorragies nasales qui débutent dans la seconde enfance : des « taches » vasculaires d'origine capillaire sont visibles dans les fosses nasales, la bouche, au niveau des ongles et de la pulpe des doigts. Les phénomènes hémorragiques sont parfois très impressionnants, mais très rarement mortels, et cette infirmité est compatible avec une vie normale. La fécondité des sujets n'est pas diminuée.

La maladie s'observe dans les deux sexes puisque le gène pathologique est porté par un autosome (chromosome non sexuel). Ce gène anormal est dominant. Si un enfant le reçoit de l'un de ses parents malades, il sera hétérozygote pour le gène (simple-dose) et néanmoins malade. Le gène homologue sain reçu de l'autre parent ne le protège en aucune façon.

Quand le malade sera lui-même en âge de procréer, ses gamètes vont subir le phénomène fondamental de la méiose. Si l'on se rapporte à ce que nous avons dit plus haut de ce phénomène, on comprend aisément que deux types de gamètes vont être émis en proportion égale : un gamète porteur du gène muté, véritable maladie de Rendu-Osler en puissance, un gamète parfaitement normal, tout au moins sous le rapport de cette affection vasculaire.

La *figure 20* résume ce que nous venons d'énoncer : ségrégation des gamètes et résultat de l'union entre deux sujets, l'un hétérozygote pour un caractère pathologique dominant (Rendu-Osler), l'autre normal.

La généalogie reproduite sur la *figure 21* n'est qu'une partie d'une très grande famille que mes collaborateurs ont étudiée entre Belle-

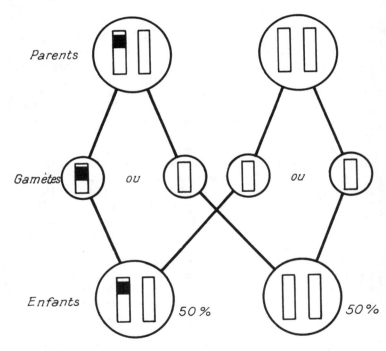

Figure 20 — L'hérédité autosomique dominante (schéma).

garde et Saint-Claude. Dans cette région, les « gens qui saignent du nez » sont très nombreux et sont issus probablement d'un même ancêtre qui vivait il y a quelques siècles. Cette généalogie permet, après commentaire, de résumer les critères de l'hérédité autosomique dominante :

— « Aspect vertical » de la généalogie, cet échelonnement sur plusieurs générations s'opposant à l'étalement en « largeur » des maladies à transmission récessive, comme nous le verrons plus loin. Quatre générations sont certainement touchées par la maladie. Plus

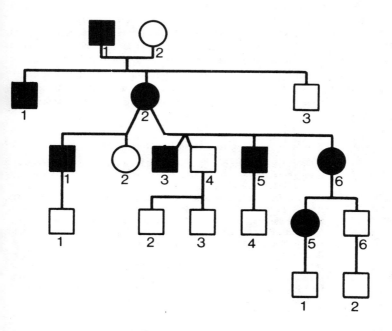

Figure 21 — L'hérédité autosomique dominante (généalogie).

Maladie de Rendu-Osler (voir texte). Un sujet atteint a (statistiquement) une chance sur deux de donner naissance à un sujet atteint. Tout sujet sain a désormais une descendance indemne (sauf en cas de « saut de génération »). La femme n° 2 de la deuxième génération s'est mariée deux fois et a transmis l'anomalie dans les deux fratries.

haut, nous retrouvons un « agrafage » possible avec d'autres familles de la région. Plus bas, le jeune âge de la dernière génération ne permet pas encore de préjuger de son atteinte.

— Un sujet malade (hétérozygote) qui épouse un sujet sain a une chance sur deux d'avoir des malades dans sa descendance. Les lois du hasard, jouant sur de courtes séries, peuvent sembler mettre en défaut les rigoureuses proportions mendéliennes; 50 % atteints, 50 % normaux. Les grandes séries obtenues par l'addition de nombreux *pedigrees* retrouvent ces proportions.

— Un sujet malade a toujours un de ses parents malade. Cette règle est en défaut dans le cas de « néomutation dominante », ou mutation *de novo*. La première mutation survient brusquement dans la gamétogénèse d'un sujet. Il faut bien que les lignées commencent un jour. A partir du muté dominant *de novo*, une souche de malades (1 sur 2 théoriquement) est créée. Attention, toutefois, à l'adultère d'une part, et d'autre part à l'insuffisance des informations apportées par les consultants interrogés. Les deux histoires vraies suivantes le témoignent :

UNE CURIEUSE « ÉPIDÉMIE » DE POLYDACTYLES

Un polydactyle est quelqu'un qui a plus de cinq doigts, six généralement (hexadactylie), le sixième étant en quelque sorte l'auriculaire dédoublé. C'était en pleine affaire de la thalidomide (1961-1962) : un médecin de l'Isère me signale son inquiétude car, en peu de semaines, il vient d'accoucher plusieurs femmes de sa clientèle dont les enfants, filles ou garçons, portent six doigts aux deux mains. Enquête précise à la recherche d'un médicament éventuellement responsable de la malformation qui aurait été administré pendant le début de la grossesse de chacune de ces femmes. La vérité était beaucoup plus simple. Toutes ces femmes étaient des fermières du même gros bourg. Le point commun était que tous leurs maris avaient à la belle saison précédente loué les services du même ouvrier agricole, bien de sa personne, et porteur de six doigts (mutation transmissible en dominance autosomique, très classique).

LA VIEILLE PHOTOGRAPHIE

Un consultant d'une trentaine d'années vient seul, adressé par l'un de nos amis stomatologistes. Profession : conducteur d'autobus. Son visage est curieux; très grande bouche dont les coins sont comme « attirés » vers de minuscules oreilles dont les pavillons sont déformés et rabougris. Ses yeux sont obliques, en bas et en dehors (c'est-à-dire dans la direction inverse des yeux dits « asiatiques »; nous disons de tels yeux qu'ils ont une obliquité « antimongoloïde »). Maurice, c'est son prénom, n'est ni beau ni laid. Il présente ce que nous appelons une « dysostose mandibulo-faciale », décrite pour la première fois il y a plus de vingt ans par le grand ophtalmologiste et généticien de Genève, le professeur Franceschetti. Il nous demande : « Je vais me marier, aurai-je des enfants normaux? Je sais que j'ai une drôle de tête, des oreilles mal finies, je n'entends pas très bien... »

Il s'agit pour nous d'un problème difficile, car l'origine du syndrome est variable. Il est possible que toutes les dysostoses mandibulo-faciales ne soient pas d'origine génétique. Je connais des paires de jumeaux vrais (donc issus du même œuf) dont un seul des deux jumeaux est atteint de l'anomalie, l'autre ayant un visage tout à fait normal. D'où le grand intérêt de l'enquête généalogique. Le cas est isolé, nous dit-il, dans sa famille. Quatre frères et sœurs sont normaux. Il est le « petit dernier ». Son père a un visage normal. Sa mère est morte en le mettant au monde. On lui a dit que le visage de sa mère était normal. S'agit-il d'une mutation *de novo*? S'agit-il d'une malformation acquise lors de l'embryologie, sans retentissement sur les cellules sexuelles de ce sujet? Notre conclusion est relativement optimiste.

Maurice s'est marié. Il vient nous revoir après un an, portant dans ses bras un nouveau-né qui est « tout le portrait de son père ». Plutôt pire d'ailleurs, car le pavillon d'une oreille manque totalement. Et une délicate opération sera nécessaire pour reperméabiliser le conduit auditif externe.

Notre embarras sera de courte durée. Maurice tire d'un carton une grande photographie, sépia sur fond rose, à peine retouchée, comme on en faisait dans les années vingt : sa mère, qu'il n'a pas connue puisqu'elle est morte en le mettant au monde. La retouche charitable n'a pas effacé les traits caractéristiques du syndrome de Franceschetti : « Mes frères et mes sœurs, nous dit Maurice, m'ont toujours caché le portrait de notre mère pour ne pas m'inquiéter; je l'ai trouvé par hasard dans le grenier de la maison, il y a quelques semaines. »

Cas typique d'une hérédité dominante avec risque de concevoir une fois sur deux un enfant d'un tel aspect. Pour le conseiller génétique, expérience enrichie : valeur de la photographie des ascendants disparus, même si l'on doit fouiller pour cela dans le grenier des maisons familiales.

Revenons aux caractères de l'hérédité autosomique dominante.
— L'anomalie est transmise directement du père ou de la mère à l'enfant, sans saut de génération. Or ces sauts de génération sont notés parfois : ils expriment alors ce que nous appelons une défaillance de la pénétrance. Un gène jusque-là toujours dominant devient

pour une génération, chez le sujet qui le porte, « temporairement récessif ». C'est un piège classique du conseil génétique. Nous connaissons cependant les maladies qui sont à pénétrance totale — Rendu-Osler, Minkowski-Chauffard*, Marfan (voir *page 70*) — et celles dans lesquelles la pénétrance est incomplète — polypose recto-colique (voir *page 77*), maladie de Recklinghausen*.

Dans la mesure où l'on est certain que la maladie est à pénétrance totale, on peut affirmer que les sujets indemnes de la famille n'ont pas reçu le gène pathologique et sont donc des homozygotes sains double-dose. La maladie disparaît définitivement de leur lignage personnel. Tous leurs enfants seront indemnes et les enfants de ceux-ci.

2. *L'hérédité autosomique récessive.* La mucoviscidose est la plus fréquente des génopathies. On estime son incidence actuelle, en France,

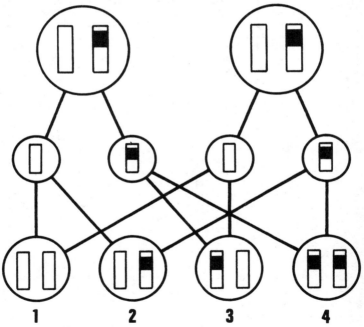

Figure 22 — L'hérédité autosomique récessive (schéma).

88

à 1 cas pour 1 000 à 2 000 naissances. La maladie vient d'une anomalie clinique génétiquement déterminée, mais de mécanisme imparfaitement précisé, qui conduit à l'excrétion d'un mucus anormal,
mucus bronchique, sécrétion pancréatique externe, sécrétion intestinale. Pendant longtemps, on n'a pas eu l'idée de relier entre eux des
faits pathologiques aussi différents que l'iléus méconial (défaut d'ex-
pulsion du méconium* à la naissance), la dilatation des bronches,
les selles graisseuses, l'hypotrophie.

Le mérite de Di Sant' Agnese a été de découvrir un dénominateur

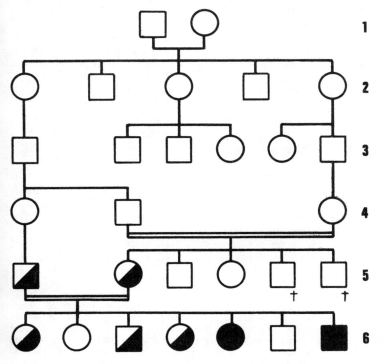

Figure 23 — L'hérédité autosomique récessive (généalogie).

La maladie apparaît à la sixième génération après l'union de deux cousins
germains hétérozygotes « simple-dose ».

biologique commun de cette symptomatologie hétéroclite : la concentration anormale en chlorure de sodium de la sueur de ces malades. Ce « test à la sueur » est devenu la pierre d'angle du diagnostic de la mucoviscidose.

Les deux sexes sont touchés de façon égale, car le gène anormal est porté par un autosome. Ce gène se comporte en récessivité. Il existe chez 1 sujet sur 20 environ. Le porteur hétérozygote n'en souffre nullement. On dit que le porteur est « phénotypiquement* » normal. L'existence sur l'autre élément de la paire chromosomique d'un gène normal dominant protège le porteur contre l'apparition des signes de la maladie.

Le drame va survenir lors de l'union d'un homme et d'une femme hétérozygotes. La *figure 22*, inspirée de la mécanique mendélienne, nous expose les possibilités génétiques théoriques d'un tel couple :

— 1/4 des enfants ayant hérité des deux gènes sains seront parfaitement indemnes et leur lignage sera définitivement débarrassé du « trait »;

— 1/2 des enfants seront, comme leur père et comme leur mère, des hétérozygotes « simple-dose », indemnes cliniquement, mais contribuant plus tard à la pérennité du gène dans la population;

— 1/4 des enfants recevront malheureusement la « double dose ». Ce sont les homozygotes malades. Leur équipement génétique ne leur permet pas de produire les sécrétions bronchiques, intestinales, pancréatiques correctes, compatibles avec une existence sans infirmité. Le test à la sueur sera chez eux fortement positif (concentration très élevée en chlore et en sodium).

Cette généalogie nous permet de résumer les critères de l'hérédité autosomique récessive (voir *figure 23*).

LA SAGE-FEMME OPTIMISTE

Nous choisissons cet exemple réel et exceptionnel pour mieux frapper l'esprit. Ces malheureux parents ont eu la malchance d'avoir sept enfants malades alors que statistiquement l' « urne » dans laquelle ils tiraient au sort contenait 1 boule noire (1 malade) pour 3 boules blanches (2 hétérozygotes et 1 homozygote normal). Or le diagnostic réel n'est intervenu qu'après la naissance du septième enfant malade... Certains enfants sont morts d'occlusion à la naissance (iléus méconial), d'autres dans les premiers mois par insuffisance respiratoire aiguë (baptisée « coqueluche » par la sage-femme consultée...), d'autres ont présenté

90

de graves retards de croissance à la suite d'une absence de digestion des graisses avec émission de selles pâteuses faites de lipides non digérés (baptisée cette fois gastro-entérite par la même personne...). Cette histoire vraie est très ancienne. Je ne pense pas qu'elle puisse se renouveler de nos jours.

Revenons aux caractères de l'hérédité autosomique récessive :

— « Aspect horizontal » de la distribution des malades, différent au premier coup d'œil de l' « aspect vertical » de la distribution des malades dans l'hérédité dominante. Une seule génération, la dernière, est atteinte.

— L'union de deux sujets hétérozygotes pour le gène (simpledose) entraîne statistiquement la naissance de 1 enfant malade pour 4 naissances. La généalogie spectaculaire prise pour exemple, justement parce qu'elle a valeur d'un exemple de ce qu'il ne faut pas faire, comporte un « excès » de malades par rapport au nombre total des naissances. Les lois du hasard, jouant sur de courtes séries, peuvent sembler mettre en défaut les rigoureuses proportions mendéliennes : 25 % de malades, 75 % d'enfants sains ou conducteurs hétérozygotes cliniquement sains. Mais les grandes séries traitées mathématiquement, obtenues par l'addition des généalogies, retrouvent les proportions mendéliennes.

— Un sujet malade est le plus souvent l'enfant de parents sains en apparence, mais tous deux porteurs hétérozygotes de l'anomalie.

— Parmi les frères et sœurs des enfants malades, il en est de deux types : sur un total de trois, il y en a théoriquement un absolument normal, alors que les deux autres présentent le gène pathologique à l'état hétérozygote. A la date où nous écrivons, il n'existe pas de possibilité de dépister ni les hétérozygotes pour la mucoviscidose par un examen clinique de la sueur (comme on l'a cru longtemps), ni les fœtus malades par une ponction de l'amnios (des recherches sont en cours).

— Enfin, lorsque le gène est très rare dans la population (ce qui n'est pas le cas pour la mucoviscidose, mais est le cas de certaines cataractes, certaines rétinites pigmentaires, certains nanismes), on trouve dans l'ascendance directe des malades une proportion très anormale de mariages consanguins (mariage entre cousins du premier degré, ou parfois inceste* père-fille, grand-père - petite-fille, frère-sœur). La consanguinité (on devrait dire l' « apparentement ») concentre artificiellement les porteurs sains d'un gène récessif à l'état hétérozygote, tend à créer des génotypes* identiques et à favoriser l'apparition d'enfants homozygotes malades.

L'histoire vraie rapportée ici met à la fois en évidence les dangers des mariages entre apparentés, et les préjugés encore enracinés dans l'esprit de certaines gens.

BÉATRICE ET L'ÉTRANGER

Jolie, timide, elle entre, précédée d'une mère imposante, le chapeau agressif. Cette jeune fille est institutrice dans un chef-lieu de canton de la haute Auvergne. Elle a décidé de se marier prochainement, ce qui constitue le motif de la consultation. C'est la mère qui parle :

— Docteur, je vous demande de nous aider à empêcher cette union.

— Quelles sont les raisons de votre attitude, madame ?

— Béatrice veut épouser un étranger.

— De quelle nationalité ?

— Du Lot-et-Garonne...

Il m'est difficile de ne pas sourire. Mes yeux tombent sur la grande carte de la région Rhône-Alpes où des punaises de couleur situent nos enquêtes locales en cours. Tout près du chef-lieu de canton où est née la jeune enseignante et où demeurent encore ses parents, un bouquet multicolore de ces marques attire l'attention. Mes collaborateurs sont partis là-haut récemment interroger les livres de paroisse, avec l'aide des pasteurs et des curés. Pourquoi dans ce lieu précisément ? Parce que nous avions remarqué qu'un nombre anormal de « locaux » présentaient, vers l'âge de trente ans, les uns une forme particulière de myopathie, les autres une dégénérescence de certains cordons de la moelle épinière. Tous étaient issus de mariages entre cousins au premier degré (cousins germains) ou issus de germains. Les enquêteurs avaient pu préciser qu'à l'époque où avaient été conçus ces malades, plus du tiers des mariages, dans ce canton, s'étaient faits entre apparentés, parfois avec la dispense nécessaire de l'Église. Pour des raisons religieuses ou pour des raisons économiques (mariage « de terre » évitant le démembrement d'exploitations en polyculture tout juste suffisantes pour nourrir la famille), le choix du conjoint était encore dans les années trente relativement limité dans ce pays.

— Madame, je sais que l'on dit encore dans vos villages : « Si tu peux épouser quelqu'un de ta rue, c'est bien ; s'il est de ta maison, c'est encore mieux. » Vous voyez sur cette carte le résultat de ce comportement : ces punaises représentent des hommes, des femmes atteints d'infirmité motrice sévère et que j'essaie de soigner. Leurs pères ont choisi des épouses à l'intérieur de leur famille parce que alors on ne se mariait pas entre catholiques et protestants, ou bien parce que les propriétés rurales ne pouvaient guère être divisées. En choisissant un époux plus lointain, votre fille fait un acte de sagesse!

Le regard complice de la jeune institutrice me permit d'escorter sans le moindre remords jusqu'à la porte la maman fort mécontente. J'appris quelques jours plus tard par une courte lettre de Béatrice qu'on lui destinait en réalité un cousin (« de sa rue ») dont elle ne voulait pas, et que mon conseil, s'il avait considérablement étonné sa mère, avait fini par la convaincre. La famille acceptait en son sein l'étranger du Lot-et-Garonne.

Hérédité gonosomique

Le chromosome Y est très court. En dehors des instructions qu'il contient, indispensables pour faire d'un embryon de sexe indéterminé un fœtus de sexe masculin, il n'y a que très peu de gènes normaux ou anormaux qui puissent être transmis par son intermédiaire. Dans ces cas rares, la génopathie frappe tous les hommes de toutes les générations et épargne toutes les femmes qui ne peuvent par ailleurs jamais transmettre la maladie (puisqu'elles ne possèdent pas le chromosome Y).

Le chromosome X, par contre, mérite à lui seul un développement assez important. Souvenons-nous que la paire de chromosomes sexuels qui détermine le sexe est très différente chez l'homme et chez la femme (voir *page 47*). Chez cette dernière, la paire XX diffère morphologiquement assez peu d'une paire d'autosomes courante (voir *page 33*) : donc, les gènes homologues existent par « paires d'ouvriers » pour un poste de travail donné. Les lois mendéliennes de la dominance et de la récessivité jouent comme s'il s'agissait de chromosomes non sexuels (autosomes).

Il n'en va pas de même chez l'homme : le chromosome Y est très petit, comparable aux éléments 21 ou 22. Pour le chromosome X de l'homme, il n'y a pas de « gène correspondant homologue » en face. L'ouvrier situé sur l'X masculin est donc de toute façon seul.

S'il est anormal, il n'y a plus ni dominance ni récessivité qui tienne. Chez un homme, un gène muté s'exprimera par la maladie. Chez une femme, si le gène anormal est récessif, il ne s'exprimera pas, empêché qu'il en est par l'autre gène situé sur l'autre X. Mais cette femme est une *conductrice* hétérozygote : lorsque ses ovules seront formés, 1 ovule sur 2 portera le gène muté.

L'hérédité récessive liée au chromosome X. Trois schémas d'union sont possibles :

a. Union d'une femme conductrice et d'un homme sain (voir *figure 24*) : les filles de ce couple seront soit totalement saines (50 % des cas), soit conductrices comme leur mère (50 %). Les garçons nés du couple seront soit normaux, comme leur père (50 %), soit porteurs du gène muté qui s'exprimera obligatoirement chez eux. Ils seront donc malades (50 %).

b. Union d'un homme malade (un hémophile par exemple) et d'une femme saine non conductrice (voir *figure 25*) : tous les garçons du couple seront normaux. Toutes les filles seront conductrices. (Le père malade qui porte le gène muté sur son chromosome X unique

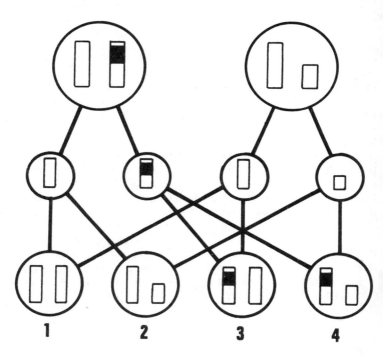

Figure 24 — L'hérédité récessive liée au chromosome X.
Union d'une femme conductrice et d'un homme sain.

ne peut « créer » des garçons qu'avec des spermatozoïdes portant l'Y, mécanisme fondamental de la détermination du sexe [voir *page 47*] : « paternellement », le père est incapable de transmettre la maladie à ses fils.)

c. Union d'un homme malade et d'une femme conductrice (voir *figure 26*) : c'est un cas absolument exceptionnel, sauf s'il y a mariage consanguin. En matière d'hérédité récessive liée à l'X, c'est le seul mécanisme qui puisse donner naissance à une fille malade (homozygote double-dose pour le gène anormal).

Le daltonisme*, le favisme* (anémie aiguë des mangeurs de fève,

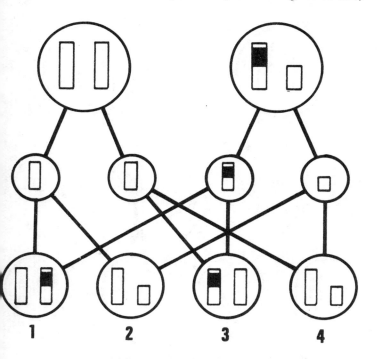

Figure 25 — L'hérédité récessive liée au chromosome X.
Union d'un homme malade et d'une femme saine non conductrice.

dont nous parlerons plus loin), l'hémophilie A (absence de facteur VIII), l'hémophilie B (absence de facteur IX), la maladie de Duchenne* sont provoqués (comme plus de 100 autres maladies plus rares) par la présence d'un gène muté anormal sur le chromosome X. Ces maladies frappent, pour les raisons expliquées, presque toujours des garçons.

La maladie de Duchenne (voir *figure 27*) est une myopathie qui débute généralement avant l'âge de quatre ans par des troubles de la marche. L'enfant a de très gros mollets, mais marche en se dandinant, peine à se relever seul, à monter les escaliers, tombe à la moindre pous-

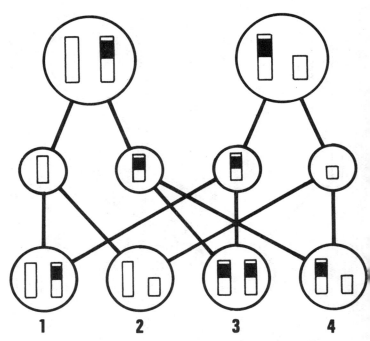

Figure 26 — L'hérédité récessive liée au chromosome X.

Union d'un homme malade et d'une femme conductrice. Cette éventualité tout à fait exceptionnelle peut conduire à la naissance d'une femme malade.

sée. Des atrophies musculaires s'étendent, respectant la face et les avant-bras, mais créant à l'adolescence un état de grande invalidité avec déformations squelettiques plus ou moins importantes selon le soin qu'on a pris d'eux. De nombreux chercheurs dans le monde essaient de percer les secrets de cette maladie.

Les généticiens se préoccupent d'analyser la fréquence (1 pour 10 000 naissances environ, à mon avis) et de donner aux sœurs, nièces, cousines de ces enfants (par la branche maternelle), après une série d'examens spécialisés, une indication valable pour répondre à leur terrible question : Suis-je ou non conductrice de cette maladie? Ce problème est très actuel et me remet en mémoire l'histoire suivante.

JACQUES ET JEAN

Une très jeune fille, mère célibataire, a abandonné son fils. Prénommé Jacques, il n'a pas été adopté, mais placé dans un foyer. A quatre ans,

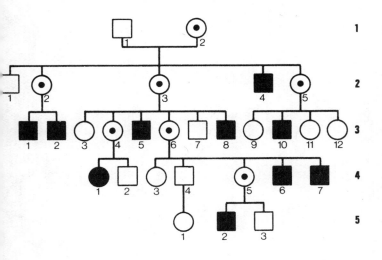

Figure 27 — L'hérédité récessive liée au chromosome X (généalogie).

Généalogie d'une famille frappée par la dystrophie musculaire de Duchenne. Les femmes conductrices sont marquées d'un point central. Des garçons (sans descendance) sont frappés sur quatre générations.

97

il marchait mal en se dandinant, le dos creusé; on avait remarqué qu'i avait de gros mollets. Le pédiatre du foyer a fait justement le diagnostic de myopathie de Duchenne. Dans sa forme la plus sévère, cette maladie conduit à l'arrêt de la marche vers dix à douze ans. Jacques a treize ans, nous lui donnons des soins et le faisons hospitaliser de temps à autre.

L'assistante sociale de la préfecture connaît bien le dossier. La très jeune maman qui avait légalement abandonné ce fils s'est mariée quelques années plus tard, et a eu plusieurs enfants. Dont un fils, Jean, qu vient d'avoir quatre ans. Il marche en se dandinant, le dos creusé. I a de gros mollets. Le diagnostic de myopathie de Duchenne est évident. Le hasard a voulu que les deux demi-frères soient un jour couchés côte à côte dans la même chambre, à l'hôpital.

Nous, nous savons. La mère, elle, ne sait pas. Chaque jour, elle rend visite à son fils, mais ne manque jamais d'apporter livres, jouets, bonbons « au petit garçon qui a la même maladie que Jean ». Les deux demi-frères ont neuf ans d'écart. Cette femme est une « conductrice » de la maladie de Duchenne, mutation liée au chromosome X. Les lois de l'hérédité veulent que 1 fois sur 2 au hasard ses fils soient frappés de cette maladie invalidante. Et cela, quel que soit son conjoint... Cruelle inégalité.

Le bien et le mal

Où est le bien? Où est le mal? Notions subjectives. Dans les pages qui précèdent, j'ai adopté ce dualisme manichéen qu'on peut critiquer. Je l'ai suivi parce que je suis médecin et que les médecins sont ennemis de la maladie et de la mort, viscéralement. Face à la première, c'est l'épreuve, et la défaite lorsque la seconde a prévalu. Le généticien médical livre, quant à lui, un combat sans fin sur deux fronts (différents, mais où l'adversaire, la « mutation-erreur », a le même visage) : front des échecs de la reproduction et lutte contre les mutations létales (du latin *letalis :* mortel); front de la prévention des handicaps et lutte contre les mutations-déviations.

« Mutants létaux » et échecs de la reproduction (voir *figure 28*)

Les mutations qui tuent dans l'œuf sont nombreuses, beaucoup plus qu'on ne le croyait généralement. Il naît 2 à 3 % d'enfants malformés. Cela n'est que la partie émergée d'un immense iceberg-cimetière. Certains pensent que, dans l'espèce humaine, 1 fécondation sur 2 tourne court, très vite. Ce que l'on sait de façon sûre, c'est qu'un peu plus tard, après l'implantation de l'œuf dans la paroi de l'utérus, 2 avortements spontanés sur 3 sont liés à un déséquilibre chromosomique de l'embryon.

Fini le temps où, dès le premier saignement, à un ou deux mois de grossesse, le gynécologue mettait sa patiente au lit en la bourrant de progestérone*. Il faut désormais « laisser faire la nature » : les trisomies de grands chromosomes, les monosomies d'autosomes, les triploïdies, les tétraploïdies ne sont pas viables dans l'espèce humaine, je l'ai dit plus haut (voir *page 56*). Si l'on descend du niveau chromosomique au niveau génique, on découvre là aussi des causes de létalité*. Chez certaines mouches drosophiles, un certain gène lié à l'X tue le mâle XY qui le porte. La mère de ce mâle est une conductrice « simple-dose » hétérozygote pour ce gène de la mort. Les filles de cette mère sont toutes « apparemment » normales, mais la moitié d'entre elles propagent ce gène qui tuera dans l'œuf la moitié de leurs fils (voir, *page 94*, l'explication de l'hérédité liée au chromosome X). Un tel phénomène, démontré chez la mouche, n'est pas impensable dans l'espèce humaine. Aucune preuve ne peut pour l'instant en être donnée. Mais ne rendrait-il pas compte de certaines « familles à filles » ?

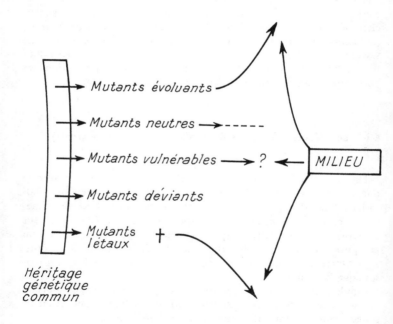

Figure 28 — Les mutants et la sélection par le milieu.

« Mutants déviants » et prévention des handicaps (voir *figure 28*)

Les mutations géniques et les aberrations chromosomiques peuvent entraîner un handicap plus ou moins sévère, créer une véritable « maladie ». La transmission de cette erreur à travers les familles peut compromettre sérieusement les performances intellectuelles, rendre celui ou celle qui en est atteint, nain, paralytique, aveugle, sourd, ou le défigurer.

Encore doit-on souligner l'importance de l'environnement, du temps, du lieu écologiques : un homme achondroplase* mesurant 80 centimètres est un infirme, et la société le considère comme tel. Un bouledogue nain, créé par la même mutation, est par contre coté très cher. Sur la terre ferme et en liberté, la drosophile aux ailes atrophiées n'a pas de descendance, car elle est immédiatement éliminée par les prédateurs ennemis. Sur certains îlots éloignés du continent, la mouche sans ailes pullule, alors que les mouches normales disparaissent aussitôt, emportées par le vent. Mais dans l'espèce humaine, *un mutant déviant est considéré comme un malade*. Envisageons un instant la somme que représentent :

— les débiles mentaux dont le déficit est lié à une affection d'origine chromosomique ou génique; trisomie 21 dont la fréquence est de 1 pour 600 naissances, craniosténose*, microcéphalie*, etc.;

— les malformés cardiaques dont la malformation a une cause chromosomique ou génique;

— les insuffisants rénaux dont la maladie se développe sur un appareil urinaire malformé, reins polykystiques, aplasie rénale* unilatérale, etc.;

— les infirmes moteurs par anomalie musculaire (myopathe) ou ostéocartilagineuse (troubles génétiques de l'ossification, luxation de la hanche, malformations des membres, amputations congénitales);

— les malentendants, les malvoyants, héritiers d'un déficit sensoriel plus ou moins profond, généralement sans recours.

Aucune de ces affections, envisagée séparément, ne peut prétendre être un « fléau social ». Mais de leur réunion en une seule cohorte, réunion autorisée par le fait que les causes provocatrices en sont similaires, se dégage une impression de fréquence et de gravité qu'il n'est plus possible de méconnaître aujourd'hui.

« Mutants vulnérables » et sensibilité aux médicaments (voir *figure 28*)

L'homme sain est vulnérable. Mais pas n'importe quel homme à n'importe quelle agression. Cette inégalité face aux agents de l'extérieur est un lieu commun : inégalité de résistance vis-à-vis des germes infectieux, réactions inattendues à un régime alimentaire, sensibilité variable aux médicaments.

« Docteur, je ne supporte pas ce médicament. » Combien de fois avons-nous entendu cette remarque ? Parmi les enzymes, ces protéines qui sont à l'origine de tout métabolisme et de toute « digestion », certaines paraissent être « en réserve », « à louer », à ne servir à rien en dehors de circonstances exceptionnelles. Si, par erreur génétique, un être humain ne possède pas un tel système enzymatique, nul ne s'en apercevra, ni lui-même, ni son entourage, ni son médecin de famille... sauf si ce dernier, pour une raison très valable, administre un jour à ce patient « le » médicament qu'il ne « sait » pas éliminer ou neutraliser assez rapidement (faute de l'enzyme nécessaire).

Ces accidents sont rares, mais ils sont éventuellement familiaux (plusieurs personnes de la même famille ont présenté les mêmes accidents dans les mêmes circonstances). Ce phénomène « familial » doit attirer l'attention. En voici des exemples :

— « pauses » respiratoires inquiétantes lors d'interventions chirurgicales, lorsqu'on administre à l'opéré certains relaxants musculaires [1] imités par synthèse du curare des flèches indiennes;

— fièvre à 41-42° et coma prolongé après anesthésie par certains composés à base de fluor [2];

---

1. Le *suxaméthonium*. C'est un « curarisant de synthèse ». Il est couramment utilisé en anesthésiologie, comme « relaxant musculaire ». Si le sujet (très exceptionnellement, il faut bien le dire) ne possède pas les gènes normaux qui programment la synthèse des enzymes « pseudo-cholinestérases », nécessaires à l'élimination du suxaméthonium injecté par l'anesthésiste, le risque d'arrêt respiratoire est important.

2. Certains anesthésiques contenant du *fluor* ne sont pas correctement éliminés par certains sujets génétiquement vulnérables (reconnus par la présence dans leur sérum d'une enzyme, la « créatine-phosphokinase », à des taux anormalement élevés). Des accidents mortels ont été publiés.

— paralysie des membres inférieurs ou crises de convulsion après administration prolongée de certains médicaments antituberculeux[1] (qui, d'ailleurs, ne sont plus guère utilisés aujourd'hui);

— destruction massive de globules rouges (anémie par hémolyse) après ingestion de médicaments synthétiques imitant l'action de la quinine, utilisés contre le paludisme, à titre préventif[2];

— crises abdominales très douloureuses, simulant une appendicite ou une occlusion intestinale, suivies le lendemain d'émission d'urines « couleur de porto » et parfois de paralysies, de troubles respiratoires aigus ou de troubles psychiques, provoqués par l'administration de gardénal ou de produits de même type qu'on range sous le nom de barbituriques. Une étude récente, médicale et historique à la fois, du plus grand intérêt, tend à démontrer que dans le passé certains membres des familles royales d'Angleterre, de Hanovre et de Prusse ont souffert de cette anomalie. La défaillance provisoire ou définitive d'une tête couronnée à un moment-clé où sa responsabilité était engagée « au sommet » a peut-être changé un certain cours de l'histoire (voir *encadré 2*).

« Mutants neutres » et variété (ou polymorphisme) (voir *figure 28*)

LES GROUPES SANGUINS

L'exemple qui vient aussitôt à l'esprit est celui des « groupes sanguins » ou plus précisément des « groupes érythrocytaires » (l'érythrocyte, cellule « rouge », étant en langage médical le globule rouge, encore appelé « hématie »).

1. L'*hydrazide de l'acide isonicotinique* ou *isoniazide* a été très utilisé (et a été très utile) il y a quelques années dans le traitement contre le bacille de Koch, responsable de la tuberculose. Certains sujets disposés génétiquement (carence en « acétyltransférase » hépatique, enzyme nécessaire pour éliminer cet antibiotique après usage) présentaient polynévrites, crises convulsives, et parfois même troubles psychiques après administration prolongée de ce médicament.
2. L'absence d'une certaine enzyme, la *glucose-6-phosphate-déshydrogénase (G6PD)*, due à la défaillance d'un gène situé sur le chromosome X, est fréquente dans certaines populations du pourtour méditerranéen, et chez les Noirs. Chez certains Siciliens qui consomment des fèves, et qui ne synthétisent pas cette enzyme, cette légumineuse provoque une anémie aiguë (le « favisme »). Chez certains Noirs auxquels on administre des médicaments synthétiques analogues à la quinine, on observe le même phénomène.

ENCADRÉ 2

LA MALADIE ROYALE

« Ô nuit désastreuse ! Ô nuit effroyable, où retentit tout à coup, comme un éclat de tonnerre, cette étonnante nouvelle : Madame se meurt, Madame est morte. Au premier bruit d'un mal si étrange, on accourt à Saint-Cloud de toutes parts.

Quoi donc, elle devait périr si tôt ! Dans la plupart des hommes, les changements se font peu à peu et la mort les prépare ordinairement à son dernier coup. Madame cependant a passé du matin au soir, ainsi que l'herbe des champs. Le matin, elle fleurissait avec quelle grâce, vous le savez : le soir nous la vîmes séchée.

Vanités des vanités. Et tout est vanité. C'est la seule parole qui me reste, c'est la seule réflexion qui me permet dans un accident si étrange, une si juste et sensible douleur. »

En 1670, Bossuet, dans une célèbre oraison funèbre dédiée à une princesse de vingt-six ans, décrivait de la sorte ce qu'on sait aujourd'hui être une « vulnérabilité génétique » à certains médicaments (autrefois le laudanum qu'Henriette, duchesse d'Orléans, venait de consommer, aujourd'hui les barbituriques, comme le gardénal, et quelques autres molécules parfois utilisées en thérapeutique). Des généticiens historiens (Macalpin et Hunter, 1967) ont retrouvé les symptômes de la maladie, dite « porphyrie », héritée en dominance autosomique, dans les familles royales d'Angleterre, de Prusse, de Hanovre, à travers treize générations et quatre siècles... Ces auteurs ont prouvé chez des descendants actuellement vivants (et gardés secrets) de ces familles les anomalies biochimiques de la porphyrie.

Les groupes érythrocytaires (système ABO, système rhésus et bien d'autres) sont présents chez tous les êtres humains, immuables de la naissance à la mort, faciles à déterminer, et répondent à une transmission héréditaire simple dont un seul gène est responsable (transmission monogénique, dite « de type mendélien », voir *figure 29*).

Les globules rouges humains peuvent porter à leur surface trois types d'antigènes A, B ou O (dit en réalité H). Suivant les sujets, ces antigènes peuvent être présents isolément ou simultanément, ce qui entraîne l'existence de quatre types de groupes « sanguins » :
— A, sujets qui portent le seul antigène A ;
— B, sujets qui portent le seul antigène B ;
— AB, sujets qui portent à la fois l'antigène A et l'antigène B ;

Alors, il est permis de rêver à ces « malades qui ont gouverné » et d'imaginer les retombées de leur maladie « génétique » à l'égard de l'histoire de l'Europe :

Marie Stuart, malheureuse reine d'Écosse (1542-1587), « une des grandes invalides de l'histoire », sujette à des crises digestives rapprochées.

George IV (1762-1830), pâle adversaire de Napoléon Ier (heureusement pour l'Angleterre, les Pitt gouvernaient...), impuissant à l'égard de la Sécession américaine, « bizarre, capricieux », sujet à des troubles psychiques qui nécessitaient l'internement, à des accès paralytiques, à des douleurs digestives, à des éruptions cutanées, tout à fait dans la note des porphyries. « Pendant son règne, le pouvoir était affaibli, la famille royale déshonorée, [...] ce fut la plus damnée pierre de meule qui soit au cou d'un gouvernement », selon le duc de Wellington.

Sa fille **Charlotte** (1796-1817) mourut en couches, ainsi que son enfant, laissant sans héritier la couronne pendant deux ans, jusqu'à la naissance dans la branche des Kent de la future reine Victoria (conductrice, liée à l'**X**, on le sait, et sans risque pour elle-même, de l'hémophilie, mais indemne par contre, ainsi que tous ses descendants, du gène de la porphyrie).

Cascade d'événements locaux, nationaux, mondiaux. Suicide de l'accoucheur dans ce dernier cas tragique, pendaisons d' « empoisonneurs » innocents, continents perdus à tout jamais, guerres incertaines, meurtrières... Déclin de la puissance royale au profit du Parlement. « La reconnaissance de la porphyrie royale imposera enfin la révision de certains jugements et accusations portés par l'histoire. » (A. Gajdos, 1968.)

— O, sujets dont les hématies sont dépourvues de l'antigène A et de l'antigène B mais portent un antigène plus simple, dit H.

On sait depuis une étude faite en 1916 sur le sang des soldats du front de Salonique que la répartition des groupes ABO varie selon l'ethnie : en ce qui concerne l'Ancien Monde, ce sont les populations du Nord-Ouest de l'Europe, de l'Écosse, de l'Irlande, de l'Islande, du Pays basque, du Sud-Ouest de l'Afrique qui présentent le pourcentage le plus élevé des sujets de groupe O.

Dans le Nouveau Monde, le groupe O est pratiquement le seul présent dans les tribus amérindiennes non métissées d'Amérique du Sud et d'Amérique centrale. Ces ethnies seraient les descendantes de petits groupes d'Asiatiques qui ont franchi le détroit de Behring au moment de la dernière glaciation, il y a environ 30 000 ans.

La distribution du groupe B présente un maximum en Asie centrale, dans le Nord des Indes, en Afrique centrale et en Égypte. La fréquence européenne de B diminue assez régulièrement d'est en ouest pour connaître un minimum au Pays basque. Dans certains groupes basques, le gène B est même totalement absent. Ce curieux groupement se distingue aussi par la fréquence anormale du

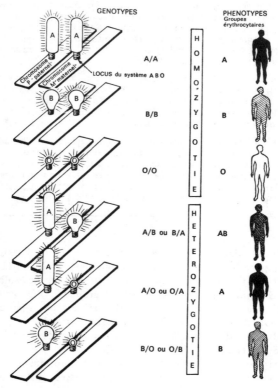

Figure 29 — Le système ABO.
Phénotypes* et génotypes*.

groupe Rh⁻ en son sein (plus de 50 %, contre 15 % en moyenne dans la population française).

LES GROUPES TISSULAIRES

J'ai évoqué plus haut leur existence et la place de plus en plus grande que ces groupes, dits HLA, occupent dans l'hérédité du terrain (voir page 79).

Le « profil HLA » est créé chez un être humain donné par les nombreux allèles* qui occupent quatre lieux (*locus**) d'une certaine région du chromosome n° 6 (soit huit *locus*, ou *loci*, puisque nous possédons deux chromosomes n° 6). Le nombre des combinaisons différentes possibles défie l'imagination (plusieurs millions).

De même que l'étude des systèmes ABO et rhésus, mais en offrant beaucoup plus de précision, l'étude des groupes HLA permet d'établir des corrélations entre populations actuelles, migrations historiques et « fusion des héritages génétiques ». On commence à suivre à la trace les grandes migrations venues de l'Inde, les « fusions » réalisées au Moyen-Orient, le « passage » des navigateurs nordiques, les « butoirs » géographiques et humains que représentent la Sardaigne, le Pays basque, la Finlande.

Deux remarques pour clore cette allusion aux « mutants neutres » :

— Il apparaît que la variété, le « polymorphisme » comme aiment à le dire les généticiens, est l'un des phénomènes les plus importants qui soient en biologie : aucun être humain, si l'on excepte les jumeaux vrais, n'a été absolument semblable à aucun être humain ayant déjà existé, ou qui existerait dans un lointain avenir. A chaque fécondation entre un spermatozoïde et un ovule, il y a naissance d'un être « unique » (et non pas d'une simple réplique, comme par exemple dans le cas de bactéries). S'agissant particulièrement de notre espèce, on devrait toujours parler de « création » et non de « reproduction » (A. Jacquard).

— Nous ne sommes pas certains que telle ou telle carte d'identité biologique (groupe ABO, groupe rhésus, groupe HLA, etc.) confère à son porteur une neutralité absolue vis-à-vis du milieu extérieur (voir page 103). Certes, l'époque est révolue où, par exemple, sur la foi de résultats non significatifs, on écrivait que le groupe O « prédispose » à l'ulcère du duodénum, le groupe A au cancer de l'estomac. S'il existe néanmoins, le phénomène n'a aucune incidence sur la variation de la fréquence de ces gènes au sein des populations humaines.

« Mutants évoluants » (voir *figure 28*)

Les mutants déviants sont vite repérés : inadaptation immédiate, maladie, infirmité, handicap. Les mutants neutres sont désormais finement analysés (et avec quel soin lorsqu'on a la responsabilité de transfusion sanguine ou de greffe d'organes...). Les « mutants évoluants » existent. Dans de nombreuses espèces végétales ou animales, la seule observation de la nature apprend beaucoup sur ceux qui « gagnent », se reproduisent, colonisent le milieu qui les favorise, aux dépens de certains autres. Dans l'espèce humaine, les notations sont plus rares, plus discutées : on connaît une mutation « améliorante » de l'hémoglobine. Un être humain de nos jours ne possède que 1,5 % de cette nouveauté (par rapport à la totalité de l'hémoglobine qu'il synthétise). Or cette nouveauté fixe 2 fois mieux l'oxygène à poids moléculaire égal... Certains gènes fondamentaux pour la synthèse d'enzymes du métabolisme des sucres travaillent 4 fois mieux que les gènes « ordinaires » pour la même dépense d'énergie... L'évolution, nous allons aborder maintenant ce chapitre, s'est faite jusqu'à nous sur trois milliards d'années. Et pourtant, la biologie médicale, en 20 ans seulement, a été capable de saisir au passage ces améliorations, faisant mentir la philosophie régnante qu'une mutation ne saurait être que délétère, faisant pressentir l'existence de « surdoués » par les performances de certaines de leurs enzymes.

2

D'où venons-nous ?

« Qui sommes-nous? d'où venons-nous? où allons-nous? », c'est le plan suivi par ce livre, plan inspiré par le titre d'une œuvre célèbre de Paul Gauguin. Que justifie, penserez-vous, ce brusque retour aux sources, en direction d'un passé réputé insondable? Quel lien existe-t-il en vérité entre ce que nous sommes génétiquement, entre ces mécanismes par lesquels nous transmettons la vie avec notre hérédité, et la création si lointaine du monde animé? Un lien *direct*, sans défaut, d'un seul tenant, de moins trois milliards d'années (— 3 M) à nos jours. On a pu disserter autrement de la naissance de la Terre (moins cinq milliards d'années, ou — 5 M) ou de celle de l'Univers stationnaire ou en expansion (moins quinze milliards d'années, ou — 15 M). Mais trois milliards d'années, c'est simplement et seulement l'histoire de la vie sur la Terre, histoire cohérente, compréhensible et, pour certains, dont je suis, enthousiasmante (dans l'acception étymologique du terme).

La vie, l'hérédité, l'évolution sont à commande génétique. L'étude des propriétés de l'ADN rend compte tout à la fois de ces trois phénomènes :

— Un individu biologique est créé pour *vivre*, c'est-à-dire se développer, croître en taille, amener ses organes à maturité, remplacer les tissus menacés d'usure, puis vieillir dans un cycle inéluctable, après avoir résisté aux éléments hostiles et su conserver, face aux nouveaux dangers, son indépendance et son intégrité.

— Il doit *se survivre*, c'est-à-dire prévoir en lui-même ces cellules immortelles qui transmettent à d'autres générations les caractéristiques de l'espèce.

— Enfin, depuis que la vie est apparue sur la Terre, l'individu biologique a eu la faculté d'*évoluer*, dans un lent cheminement, de

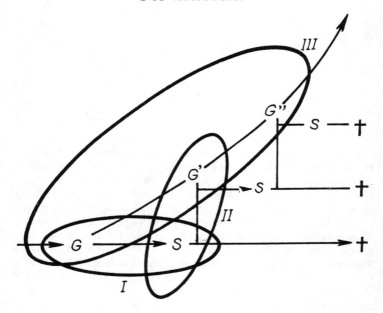

Figure 30 — Vie, hérédité et évolution.

I — Les processus somatiques : le germen (G) engendre un soma (S) mortel.

II — Les processus génétiques : le soma ne meurt pas sans avoir mis en réserve, dès les premiers stades du développement de l'embryon, le futur germen.

III — Les processus évolutifs : de génération en génération, le germen peut être modifié par mutation.

Le seul élément commun pouvant expliquer à la fois les processus somatiques, génétiques et évolutifs, c'est l'ADN.

l'élémentaire au complexe : débuts précaires, impasses sans retour, hésitations, puis un courant vif choisissant l'issue qui n'apparaît pas forcément, dès l'abord, comme la plus facile, mais qui se révélera plus tard comme la plus efficace et la plus féconde.

La *figure 30* éclaire ce propos. L'ADN est bien le commun dénominateur de la vie, de l'hérédité et de l'évolution.

L'origine

Deux théories s'affrontent. Elles ne sont d'ailleurs pas exclusives l'une de l'autre :
— l'origine de la vie est cosmique; des météorites venus des espaces interstellaires ont pu « ensemencer » la planète; c'est la théorie de la « panspermie »;
— l'origine de la vie est locale; la vie est née de la « soupe » terrestre primitive.

Une molécule dans les nuages

La radioastronomie (ou spectroscopie des radiofréquences), à l'écoute des nuages interstellaires en formation à très basse température, décèle non seulement des radicaux tels que CH, CN, OH, CO, mais de l'ammoniac et plus récemment du formaldéhyde $H_2C=O$. De quoi construire toute une chimie du carbone, c'est-à-dire une chimie organique. Étudiée du point de vue fonctionnel, la vie semblerait être plutôt une chimie de l'hydrogène (sous forme de cation), toujours prêt à passer d'une molécule dans l'autre. Mais aucune polymérisation, aucune « complexification » n'est possible sans les liaisons relativement stables du carbone quadrivalent.

La poussière venue d'ailleurs

Svante Arrhenius, prix Nobel de chimie en 1903, souleva le premier l'hypothèse que la vie sur la Terre devait être venue de l'espace par les météorites. Il lui fut rétorqué que de telles chutes étaient rares et que la vie ne pouvait guère se maintenir sur eux dans les espaces interstellaires en raison des rayonnements qui les traversent. Des contaminations liées à une manipulation dénuée de précautions entachèrent les résultats de l'examen des météorites tombés à Orgueil près de Toulouse, le 14 mai 1964. Les conclusions en sont sans valeur. Il n'en va pas de même pour les découvertes plus récentes : Cyril Ponnamperuma et ses collaborateurs du département d'exobiologie de la NASA ont brisé en 1970 la pierre tombée à Murray le 20 septembre 1950. Ils ont extrait de 11 grammes de poussière 11 types de molécules d'amino-acides inconnus sur la Terre (isovaline, norvaline, méthylalanine, méthylglycine, acide pipécolique, etc.). Le météorite Murchison (du nom du lieu où il tomba dans le Sud de l'Australie, le 28 septembre 1969) s'est brisé en éparpillant des fragments sur 8 kilomètres carrés. Il a été analysé par les mêmes chercheurs qui découvrirent l'existence au sein du météorite de 17 acides aminés dont, en abondance, de la glycine, de l'alanine, de l'acide glutamique, de la valine et de la proline. Toutefois, alors que les acides aminés terrestres sont en majorité lévogyres*, la moitié des molécules extraterrestres ainsi découvertes sont dextrogyres*.

André Lwoff disait un jour : « On appelle exobiologistes les biologistes de l'au-delà. Je leur souhaite de trouver un jour les éléments de leur vocation. » Le gigantesque chantier cosmique leur est grand ouvert...

Le bouillon primitif

On l'a vainement cherché sur Mars. Si ce « bouillon » a existé, ses traces mêmes ont disparu. Asséché, évaporé, il n'a pas su créer ne serait-ce que la « pré-vie ». S'agissant de notre planète, on sait, par contre, qu'il y a trois milliards d'années la masse primitive en refroidissement (on en a une idée assez précise par l'étude du phénomène volcanique contemporain) a engendré une atmosphère faite d'hydrogène, d'hélium, d'azote et d'oxygène, ces deux derniers étant combinés à l'hydrogène sous forme d'ammoniac et de vapeur d'eau. La présence de carbone permettait la formation de méthane (CH_4) et de dioxyde de carbone (CO_2). L'énergie solaire[1] pouvait « faire le reste » et il semble bien qu'elle l'ait fait. Le « Que la Lumière soit ! » de la Genèse prend tout son sens avec les données actuelles de la biologie.

Des expériences classiques de « simulation » (Miller en 1950, puis Calvin, Ponnamperuma, Schramm, Fox) à partir de « modèles » gazeux reconstituant la composition hypothétique de l'atmosphère primitive et utilisant de fortes sources d'énergie (décharges électriques, rayonnement ultraviolet, X ou gamma, cyclotron) ont permis de synthétiser en laboratoire des acides aminés (composants des protéines), des bases azotées (composants des nucléotides) et des pyrophosphates très riches en énergie (notamment le célèbre ATP*). Or nous savons (voir *page 37*) que les acides nucléiques, formés de nucléotides phosphorés, et les protéines, formées d'acides aminés, sont les deux langages de la cellule, le langage du noyau et le langage du cytoplasme, traduits de l'un vers l'autre grâce au code génétique.

Un gazon de chlorophylle

Si l'heure de l'apparition de la première cellule eucaryote[2] est

1. Lorsqu'un photon éjecté par l'astre du jour réagit avec une molécule à la surface de la Terre, il élève l'énergie d'un électron et le porte du niveau d'énergie fondamentale à une orbitale moléculaire vide d'énergie plus élevée. Sous nos yeux, actuellement, c'est exactement le mécanisme de la photosynthèse propre aux végétaux, mettant en jeu la chlorophylle, et l'eau comme accepteur. Les glucides formés par ces « merveilleux convertisseurs d'énergie » représentent en quelque sorte la forme stable de l'emmagasinement de l'énergie solaire, utilisable pour les processus de la vie.
2. Une cellule *eucaryote* est une cellule qui comporte un véritable noyau, séparé du cytoplasme par une membrane percée de pores minuscules. Une cellule *protocaryote* (ou *procaryote*) est une cellule dont le chromosome « nu », c'est-à-dire non revêtu de protéines, est en contact direct avec les autres éléments de la cellule. Les bactéries, par exemple, sont des protocaryotes. Les cellules d'un être humain, par exemple, sont des cellules eucaryotes. Parmi les algues, il en est de protocaryotes (algues bleues) et d'euca-

controversée (notamment à la suite d'un léger désaccord entre paléo-biologistes), il est certain que les algues primitives ont régné dans la biosphère durant plusieurs centaines de millions d'années. Les stromatolithes de l'âge précambrien* sont des roches feuilletées qui recèlent de minces couches de substance organique, restes de ces algues fossiles, très facilement observables au microscope, et dont les descendants vivants, pigmentés de bleu, de rouge, de brun ou de vert, existent actuellement dans de nombreux milieux.

On rencontre ces organismes presque en tout lieu et en tout pays, neiges et glaces des pôles, montagnes, eaux thermales les plus chaudes. Leur plasticité écologique est étonnante : ils résistent à l'insolation, à la sécheresse, croissent en mer comme en eau douce, comme dans les lagunes sursalées. Ils se développent aussi bien dans les eaux polluées par l'hydrogène sulfuré. Ainsi, *Oscillatoria rubescens* est un excellent indicateur biologique qui apparaît et forme des masses rougeâtres dans les lacs alpins en voie de pollution. C'est aussi un des premiers végétaux à réapparaître dans les terrains détruits par la lave volcanique en fusion.

Ces êtres primitifs vivaient à une époque dont nous savons qu'elle connut la plus grande révolution de tous les temps : l'apparition de l'oxygène libre. L'existence de chloroplastes colorant de vert le pigment des algues microscopiques signifie en effet la possibilité de l'assimilation chlorophyllienne : l'énergie solaire et le CO_2 ambiant permettent à la cellule de synthétiser des glucides avec émission d'oxygène durant la période d'ensoleillement. Cette nouveauté, ce « gazon vert de chlorophylle au fond des mers, des lagunes et des lacs » (M. Chadefaud) va bouleverser les conditions à la surface du globe. Désormais, l'oxygène sera constamment renouvelé. On a calculé qu'il est totalement remplacé tous les 2 000 ans.

À l'heure où l'on essaie de nous réapprendre à économiser l'énergie, une leçon nous vient du fond des âges : les plantes représentent la meilleure gestion connue de l'énergie solaire qui transite par elles. Ces usines vertes construisent et stockent le riche carburant dont se serviront pour vivre plus tard, beaucoup plus tard, les animaux et les hommes.

---

ryotes (algues rouges). Au cours de l'évolution, le passage du stade protocaryote au stade eucaryote, c'est-à-dire l'apparition d'un « vrai » noyau, s'est peut-être produit d'abord chez les algues.

Les chemins

L'itinéraire

Le tenant fut donc l'algue bleue. L'aboutissant est sous nos yeux, *Homo sapiens*. L'évolution a parcouru de multiples chemins, tout au long desquels elle a pu préserver des caractères archaïques, mais aussi acquérir d'innombrables nouveautés. Ainsi les vieilles demeures maintes fois et superbement ravalées au point d'être méconnaissables conservent-elles toujours, au détour d'un escalier obscur, les pierres originelles que les siècles ont épargnées.

Et voici que la théorie centenaire de la récapitulation reprend de la vigueur. Son auteur, Ernst Haeckel, la dénommait aussi « loi biogénétique fondamentale » : l'*ontogenèse* (c'est-à-dire l'embryologie qui étudie les transformations par lesquelles passe l'individu dans son développement depuis l'œuf jusqu'à l'état achevé) est une courte récapitulation de la phylogenèse (science qui traite du mode d'apparition des espèces; on dirait aujourd'hui l'évolution). Dans l'esprit de Haeckel, les différentes étapes de l'embryon correspondaient à des formes adultes des espèces ayant réellement existé auparavant, ce qui est inexact. Cependant, il est exact de dire que quelques-uns des « moments » de l'embryogenèse rappellent certains stades embryologiques d'espèces moins récentes; l'embryon de certains mollusques qui, adultes, n'ont pas de coquille porte pendant quelques jours une coquille qui va s'effacer; l'embryon de l'orvet a des pattes; l'embryon de baleine, des dents éphémères; l'embryon de certains oiseaux, une longue queue « reptilienne » qui comporte un instant quinze vertèbres avant de devenir croupion. Il est significatif de confronter ce qu'un biologiste contemporain a écrit à propos de l'embryologie (l'ontogenèse) et ce qu'un autre biologiste contemporain a écrit à propos de l'évolution (la phylogenèse) :

François Jacob [1] : « Comment, à partir d'une seule cellule, en émergent des milliers de milliards, en lignées spécialisées, selon un ordre parfait dans le temps et dans l'espace, voilà qui défie l'imagination. Au cours du développement embryonnaire sont progressivement traduites et exécutées les instructions qui, contenues dans les chromosomes de l'œuf, déterminent quand et où se forment les milliers d'espèces moléculaires constituant le corps de l'adulte. Tout le plan de croissance, toute la série des opérations à effectuer, l'ordre et le lieu des synthèses, leur coordination, *tout cela est inscrit dans le message nucléique* et dans l'exécution du plan. Il y a peu de ratés ; à la rareté des avortements et des monstres se mesure la fidélité du système. »

Henri Laborit : « L'ontogenèse reproduit en quelques heures, jours ou semaines selon les espèces, la longue histoire de la vie étalée sur des millions d'années. Mémoire, stockage des innombrables informations accumulées par la matière vivante au cours des âges de notre Terre, *tout est là* fixé pour un temps dans l'arrangement spatial d'un acide désoxyribonucléique. »

Tout est là, en effet :

— Les paléogènes qui, par exemple, commandent l'ouverture des choanes*, faisant de nous des choanés, dont narines et poumons communiquent librement [2], orientent cœur et aorte vers la gauche (style « mammifère », par opposition au style « oiseau »), résorbent les membranes qui unissent doigts et orteils du fœtus et nous « dépalment ».

— Les néogènes aussi, de venue plus proche, qui induisent notamment le développement des lobes préfrontaux, source de la réflexion. Lorsque au retour d'un long voyage vous désirez présenter, un soir, à quelques amis, le fruit de vos « prises d'images », vous prenez sur vous, instruit par de pénibles expériences, de ne présenter que les aspects signifiants de votre lointain périple. Parmi les centaines de

---

1. *La Logique du vivant*, Paris, Gallimard, 1970.
2. L'atrésie des choanes, laquelle, non diagnostiquée, peut asphyxier le nouveau-né humain, traduit la disparition par mutation d'un paléogène bien utile pour nous, et contemporain de la sortie des océans. L'ORL qui effondre cette paroi « anormale » d'un seul coup de stylet réalise en quelques secondes un geste qui représente 340 millions d'années d'évolution. (Il en est, lorsqu'il l'apprend, le premier étonné...)

mètres de pellicule impressionnée, parmi les dizaines de diaposi-
tives tirées, vous irez à l'essentiel. Vos audiospectateurs vous en
sauront gré. L'embryon humain ne se comporte pas autrement
(voir *figure 31*). La mise en place de ses tissus et de ses organes lui
demande trois mois (fin de la période d'embryogenèse après laquelle
on devient un petit d'homme aux tissus et organes bien en place).
Ces trois petits mois « récapitulent » des centaines de millions d'années.
Les points forts du chemin de l'algue bleue à l'homme peuvent se
réduire à quelques étapes privilégiées.

Avec la corde sur le dos

Parmi les oursins fossiles, il en est qui abandonnent la symétrie
« rayonnée » ou radiaire pour une symétrie bilatérale. Une partie
du règne animal va cesser de n'avoir ni queue ni tête. Le tube nerveux
s'installe de l'avant vers l'arrière : entre le tube digestif et la paroi
ventrale chez les « hyponeuriens », entre le tube digestif et la région
dorsale chez les « épineuriens » dont nous sommes. L'affaire est
grave. Dans la première solution, il n'y a aucun espoir pour caser
un jour un cerveau. Les perfectionnements proposés par l'extrémité
antérieure du tube nerveux vont se heurter à l'appareil buccal. Il
y aura bien chez certains insectes un collier nerveux autour de l'œsophage qui se prolongera dans la tête par de minables ganglions
« cérébroïdes ». Pas de quoi conquérir le monde. Dans la seconde
solution, tous les perfectionnements seront permis, la « céphalisa-
tion », la « frontalisation » ouvrant les avenues du pouvoir. Le tube
nerveux va dans les premiers temps régler son développement sur
un axe préexistant qu'on appelle la corde dorsale (ou notochorde,
de *nôtos*, le dos, et *khordê*, le boyau). Chez l'ancêtre immédiat des
vertébrés, un petit animal marin dénommé « amphioxus » (ce qui
signifie « pointu aux deux bouts »), tout en est resté là. Il n'y a pas
de vertèbres, le corps est toutefois segmenté d'avant en arrière, mais
ces segments sont asymétriques, « en quinconce » en quelque sorte.
Chez les vertébrés, la corde disparaît très vite au cours de l'embryo-

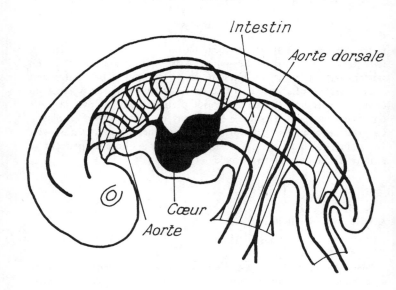

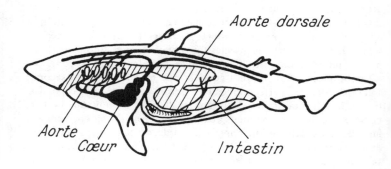

Figure 31 — La récapitulation.

En haut, un embryon humain dont la structure rappelle de près celle d'un poisson adulte (en bas).

genèse [1], après avoir discrètement rempli le rôle inducteur qu'on attendait d'elle. Désormais, chez les vertébrés, la moelle épinière sera incluse dans un axe squelettique cartilagineux ou osseux (selon les espèces, ou selon le niveau de développement de l'embryon), la colonne vertébrale.

Des poumons et des pattes

L'apparition des terres émergées devait offrir aux seuls vertébrés d'alors, les poissons, l'occasion de quitter les océans. Ce changement radical de mode de vie impose l'existence de poumons, et éventuellement de quatre membres. Les amphibiens modernes font la transition : leurs larves, les têtards, sont des vertébrés aquatiques, pourvus de branchies; leurs adultes sont des vertébrés « aériens » pourvus de poumons et de pattes. Mais certains poissons fossiles ou vivants nous apprennent beaucoup à ce sujet. Le plus célèbre d'entre eux est le cœlacanthe (*Latimeria chalumnœ*), dont la capture en 1938 par le professeur J.L.B. Smith sur la côte orientale de l'Afrique du Sud souleva une grande émotion dans les milieux scientifiques. La capture d'un second exemplaire date de 1952. Depuis, d'autres ont été pêchés. Leur étude anatomique a été systématiquement entreprise au Muséum de Paris par les professeurs Millot et Anthony. En réalité, l'organisme du cœlacanthe est en régression par rapport à ses ancêtres fossiles. Il est beaucoup plus cartilagineux qu'osseux. Sa respiration s'effectue par des branchies. Il possède un poumon, mais celui-ci est dégénéré, envahi par la graisse. Il n'y a pas de vessie natatoire. Le cœur est linéaire et évoque de façon saisissante un cœur d'embryon de vertébré arrêté au cours de l'ontogenèse. Certaines des nageoires sont articulées et préfigurent ce que seront les membres antérieurs et postérieurs.

Des poissons d'un autre type, les rhipidistiens, tous fossiles, possèdent des choanes (narines internes mettant en communication l'organe olfactif et la cavité buccale) comme les amphibiens. La

---

1. Chez l'embryon humain, elle n'est présente qu'au cours de la 3e semaine. L'adulte n'en conserve que la structure, qui forme le centre des disques intervertébraux, appelée *nucleus pulposus*.

présence de choanes chez un vertébré fossile permet de supposer que son possesseur devait pouvoir respirer autrement que par des branchies, même si des branchies persistaient encore.

Les dipneustes ne comportent qu'un petit nombre de représentants actuellement existants. Ils vivent dans les fleuves et les marécages tropicaux ou équatoriaux. Ils doivent leur nom à l'existence d'une paire de poumons. Ils utilisent leurs branchies à la saison des pluies, et leurs poumons lors de la sécheresse...

« Si les vertébrés tétrapodes [1] sont apparus et ont pu donner le merveilleux épanouissement que représentent les amphibiens, les reptiles, les oiseaux et les mammifères, c'est à l'origine parce qu'un poisson primitif a '' choisi '' d'aller explorer la terre où il ne pouvait se déplacer qu'en sautillant maladroitement. Parmi les descendants de cet explorateur audacieux, ce Magellan de l'évolution, certains peuvent courir à plus de 70 kilomètres à l'heure, d'autres grimpent aux arbres avec une stupéfiante agilité, d'autres enfin ont conquis l'air, accomplissant, prolongeant, amplifiant de façon prodigieuse le '' rêve '' du poisson ancestral [2]. »

Cœur à droite, cœur à gauche

Des amphibiens [3] nous passons aux reptiles. La différence essentielle entre eux est la suivante : les premiers se développent d'abord dans l'eau. Leurs œufs ne comportent pas de membrane ni de cavité amniotique. Les seconds, même s'ils restent aquatiques (tortues de mer), pondent des œufs qui se développent dans la terre. Ces œufs sont pourvus d'un amnios. Chez les poissons, l'appareil circulatoire comporte dans la région pharyngée des artères efférentes transportant le sang vers les branchies : ces vaisseaux sont les arcs aortiques. A partir des amphibiens, les deux arcs aortiques antérieurs disparaissent, il ne reste donc que quatre arcs aortiques plus ou moins fonc-

---

1. Le premier tétrapode (vertébré à quatre pattes) connu est *Ichtyosega*, un amphi. bien.
2. J. Monod, *le Hasard et la Nécessité.*
3. Les amphibiens actuels sont soit les anoures (grenouille, crapaud), soit les urodèles (salamandre, triton), soit les apodes (cécilie).

tionnels. Chez les amniotes (reptiles-oiseaux-mammifères), le quatrième arc aortique devient prédominant; on l'appelle encore l'arc systémique.

Chez les reptiles actuels, le ventricule est cloisonné par une paroi épaisse, mais encore incomplète. Deux crosses aortiques, droite et gauche, se réunissent dorsalement (formant un collier autour de la trachée et de l'œsophage) en une aorte unique. Grâce à ces dispositions anatomiques, ainsi qu'à une légère surpression dans la partie gauche du ventricule, la crosse aortique droite, la plus volumineuse, d'où naissent les carotides, reçoit un sang parfaitement oxygéné. La crosse aortique gauche, plus grêle, emporte vers la circulation générale un sang légèrement moins hématosé.

Chez les oiseaux, la séparation en deux ventricules, droit et gauche, est achevée. Seule subsiste la crosse aortique droite.

Chez les mammifères, inversement, seule subsiste la crosse aortique gauche.

Ces deux « styles » paraissent assez incompatibles et l'on conçoit mal comment on pourrait passer de l'un à l'autre. Donc il n'y a pas de « phylum » direct entre l'homme et les oiseaux actuels. Mais devant un enfant atteint d'une dextrocardie, d'une aorte « à cheval », d'un ventricule unique, comment ne pas évoquer l'action rétrograde et néfaste d'un paléogène altéré par une mutation, et cessant de jouer le jeu normal de la récapitulation ?

Le radeau des singes

La longue marche s'ouvre donc aux mammifères issus, à l'aube de l'ère tertiaire, des reptiles « mammaliens ». Les mammifères sont des vertébrés tétrapodes, comme les amphibiens et les reptiles, homéothermes comme les oiseaux (mais revêtus de poils et non de plumes), amniotes comme les reptiles et les oiseaux, et possédant des glandes mammaires.

Les systèmes branchiaux présents chez l'embryon vont régresser en grande partie mais contribuer à donner cependant l'oreille, les parties superficielles du cou, le pharynx, le larynx, le thymus et les glandes parathyroïdes. Le cloaque unique chez les oiseaux est divisé en deux par le périnée, l'appareil génito-urinaire en avant, le rectum en arrière. L'œuf n'est plus de type reptilien. Il se fixe dans l'utérus maternel et les échanges entre mère et fœtus se font désormais par l'intermédiaire du placenta. (Exception faite de l'ornithorynque ovipare, et des marsupiaux*.)

L'évolution vers l'homme va se faire à travers certains insectivores, les tupaïdés. L'unique représentant vivant actuel est le tupaïa (ou musaraigne des arbres). Il ressemble à un petit écureuil de la grosseur d'un rat, vivant sur les arbres en Asie orientale et en Malaisie. Au demeurant, le tupaïa tient à la fois des insectivores et des primates. Il incline vers ces derniers, car : son cerveau est relativement plus développé ; l'aire visuelle est très étendue sur l'écorce cérébrale ; les lobes olfactifs sont réduits, dans une cavité nasale simplifiée ; son placenta ressemble à celui de certains singes ; il possède, comme ceux-ci, comme les humains, la possibilité d'opposer le pouce aux autres doigts.

Survint alors le grand chambardement des terres émergées et de la géologie mondiale. Lorsque, en 1912, Wegener émit l'hypothèse de la dérive des continents, peu de spécialistes crurent en cette idée déjà proposée en 1620 par sir Francis Bacon. Il est vrai que le principal argument des tenants de la théorie était à l'époque que le contour des deux rives sud-américaine et africaine de l'océan Atlantique peuvent s'ajuster, et que ces rives pourraient s'être séparées et éloignées l'une de l'autre à la faible allure de quelques centimètres par an. De nombreux recoupements géologiques, botaniques, zoologiques rendent de nos jours à peu près certain le fait que, voici 200 millions d'années, toutes les terres groupées autour de l'Afrique formaient un seul bloc (voir *figure 32*). L'Amérique prit le large et avec elle les petits singes quadrumanes au nez plat (platyrhiniens) sous la poussée divergente de la lave qui se déversait (et se déverse encore aujourd'hui) de volcans abyssaux de la « dorsale » médio-atlantique. Comme l'Amérique, les autres continents sont d'immenses plaques de 50 à 100 kilomètres d'épaisseur qui flottent à la surface d'une sphère visqueuse, l'asthénosphère : l'Australie, où s'épanouirent les marsupiaux, s'est isolée ; Madagascar, terre des lémuriens*, est restée plus proche de son lieu d'origine ; les tarsiens* sont partis avec Java, Sumatra et les Célèbes. L'Inde, radeau gigantesque, en cognant

Figure 32 — Pangae, le continent primitif.

l'Eurasie il y a 40 millions d'années, a fait surgir sous sa pression les synclinaux froissés de l'Himalaya.

Depuis, les satellites d'observation ont retrouvé les traces de la faille qui marque le souvenir de cette bousculade titanesque. Les lèvres de la faille glissent encore l'une contre l'autre, comme les flancs de deux vaisseaux après l'abordage. Le terrible séisme de Chine survenu en 1976 serait, dit-on, le soubresaut lointain de ce mouvement inexorable.

Les singes au long nez (catarhiniens) et les grands singes sans queue dont la forme générale se rapproche de la nôtre (anthropomorphes) n'ont jamais quitté le sol de l'Asie ni de l'Afrique. Et le plateau de Potwar au Pakistan, la gorge d'Oldoway en Tanzanie, la vallée de l'Omo en Éthiopie ont livré la clé de nos origines les plus récentes.

Le 31 décembre à 10 heures du soir

Deux heures rapportées sur un an. C'est le temps relatif qui a permis l'hominisation, comparé à la durée totale de l'évolution biologique. « Au plafond de la Sixtine, le doigt tendu de Dieu éveille dans le premier matin du monde un beau Florentin qui ne s'est pas encore aperçu qu'il est le seul sur la terre et qu'il est le premier à surgir de la glaise originelle. Il est resplendissant de jeunesse et de vie : l'espèce humaine prend un bon départ. Et pourtant, si belle soit cette fresque, il est difficile de la considérer comme la représentation exacte d'un événement de l'histoire du monde » (Jules Carles).

L'arrivée

L'hominisation

Dire que l'homme descend du singe est un aphorisme absurde. Mais l'homme et les singes anthropomorphes descendent d'ancêtres communs. Darwin avait osé l'écrire dès 1871 dans *The Descent of Man*. De quel charivari la *gentry* anglaise salua cette affirmation!

LUCY

Le « croissant fertile » dont tous les hominiens sont issus est relativement limité, à l'échelle du monde. Il comprend le sillon, le « rift » de l'Afrique orientale, le Pakistan occidental, le Népal. Dans l'île de Maboko au milieu du lac Victoria, comme dans la région située entre les rivières Indus et Jhelum (qui sera, beaucoup plus tard, la marche extrême vers l'est de l'empire d'Alexandre le Grand), on retrouve les restes osseux ou dentaires du ramapithèque[1]. La datation des gisements des Siwaliks les situe entre moins 16 et moins 9 millions d'années, soit bien après la collision du sous-continent indien et de l'Eurasie. Le traitement par ordinateur des 50 000 restes de vertébrés recueillis là-bas en quelques années est en cours à l'université de Yale aux États-Unis...

Les ramapithéciens semblent bien être à l'origine de tous les hominiens. Cela suppose qu'à la date de leur apparition nous avions « largué » tous nos cousins pour ne conserver que les souches qui

1. De Rama, personnage légendaire de l'Inde, l'incarnation de Vichnou, représentant la loi cosmique, et de *pithékos*, singe.

devaient fleurir en homme. Seulement, en ces temps plus proches, le contour des continents était à peu près ce qu'il est aujourd'hui. Plus de radeau continental pour voguer sur l'asthénosphère. Et, pourtant, de nouvelles espèces surgirent qui évoluèrent égoïstement et bêtement pour leur propre compte. Ce phénomène s'explique assez bien par les remaniements chromosomiques spontanés qui interdirent désormais les croisements fertiles à l'intérieur des espèces primitives. Nous verrons cela dans un instant. Quoi qu'il en soit, nous avons su prendre nos distances avec les gibbons, dont l'ancêtre, le propliothèque, fut découvert dans le Fayoum d'Égypte, et avec les pongidés (de *pongo*, nom d'un grand singe appelé aussi orang-outan) qui regroupent cet animal, plus les gorilles et les chimpanzés. Ces « anthropomorphes », s'ils inaugurent brillamment la « descente des arbres » et l'adaptation au sol, ne deviendront jamais des hommes. On admet généralement que la dichotomie pongidés-hominidés s'est réalisée lorsque en ces lieux les forêts humides et denses se sont effacées devant les savanes.

Dans les ultimes virages qui nous séparaient encore de la ligne d'arrivée, nous avons lâché sans espoir des conducteurs malchanceux qui se sont tous fossilisés :

— Les australanthropiens du Transvaal et de l'Afrique orientale, 1,30 mètre, capacité crânienne : 450 à 700 centimètres cubes, couchés contre des galets qu'ils avaient su tailler, et parmi eux « Lucy » (squelette entier parfaitement conservé d'une jeune fille).

— L'homme de Java ou *Pithecanthropus erectus* (le premier homme « debout »?).

— L'homme de Pékin ou sinanthrope, 1,60 mètre, capacité crânienne : 870 à 1 000 centimètres cubes; le giganthrope en Chine, le méganthrope, enfant de Java lui aussi : les plus grands primates connus qui surpassent en poids et en taille tous les primates fossiles ou vivants. Des chercheurs très sérieux pensent que le yéti ou « abominable homme des neiges » existe et qu'il est leur dernier descendant.

— Les néanderthaliens, très proches de notre temps (— 120 000 ans), 1,55 mètre, capacité crânienne : 1 625 centimètres cubes, découverts en Allemagne dans le ravin qui leur donna ce nom, en Palestine, et en France à Fontechevade et à la Chapelle-aux-Saints. Le front est fuyant, le rebord sus-orbitaire (ou « torus ») est saillant. L'occiput se termine par une sorte de chignon. Mais cet homme connaît la pointe et le racloir, vit dans les grottes ouvertes au flanc des vallées abritées. Il honore et enterre ses morts. Il disparaîtra : glaciation? envahisseurs venus de l'est? La discussion n'est pas close.

Peut-être à Tautavel (Pyrénées-Orientales) il y a 200 000 ans, certainement à Cro-Magnon il y a 1 000 générations (30 000 ans), voici notre vrai père, *Homo sapiens*. On le trouve aussi à Chancelade et à Grimaldi. Sa face est large et haute, son menton est saillant, sa capacité crânienne atteint 1 700 centimètres cubes. Il connaît l'arc et le harpon. Il décorera Lascaux et Altamira. Mais, dès lors, « l'énorme différence qui va séparer le vieux tailleur de silex de son héritier moderne n'est que l'œuvre de la civilisation, c'est-à-dire de la culture graduellement accumulée et transmise par la tradition sociale » (J. Rostand).

HOMINISATION ET REMANIEMENTS CHROMOSOMIQUES

La « spéciation » est le mécanisme par lequel se créent les espèces nouvelles. Pour qu'une union entre deux êtres soit féconde, il faut que leur équipement chromosomique en nombre et en taille soit très proche. On peut, certes, créer un hybride (étymologiquement, un « viol ») entre espèces proches dont le « nombre » chromosomique diffère quelque peu, mulet ou bardot, « tigre-lion » ou « zébrule » (âne et zèbre). De tels hybrides sont généralement stériles; il n'y aura donc pas de « seconde génération ». Les nouvelles techniques d'identification des chromosomes permettent depuis 1970 de reconsidérer entièrement les mécanismes de la spéciation et de « découvrir précisément les remaniements chromosomiques spontanés qui ont " isolé " au cours des âges les espèces que nous connaissons aujourd'hui et celles, innombrables, qui se sont éteintes après avoir laissé sur un morceau de rocher l'empreinte témoignant leur passage » (J. de Grouchy). Ce cytogénéticien français et sa collaboratrice, Catherine Turleau, ont comparé le caryotype des primates à celui de l'homme à la recherche d'un ancêtre commun. Ils ont été frappés par la grande similitude qui existe entre les chromosomes de l'homme et ceux des pongidés. Des chromosomes entiers, ou de longs segments de ceux-ci, sont parfaitement « homologues ». Il est possible de « passer » d'un caryotype à l'autre en faisant intervenir un petit nombre de remaniements :

— remaniement entre le chimpanzé (48 chromosomes) et l'homme (46 chromosomes) à la suite d'une fusion de deux petits chromosomes acrocentriques*, pour donner naissance au grand chromosome n° 2 de l'homme (voir *figure 33 b*) en réduisant de ce fait le nombre chromosomique de 48 à 46;

— inversion péricentrique (voir *figure 33 a*) au sein des chromosomes n° 4 et n° 5 : celle-ci résulte de deux cassures situées de part et d'autre du centromère, suivies d'une rotation de 180° du segment médian, avec recollement des cassures; le n° 9 a subi un remaniement

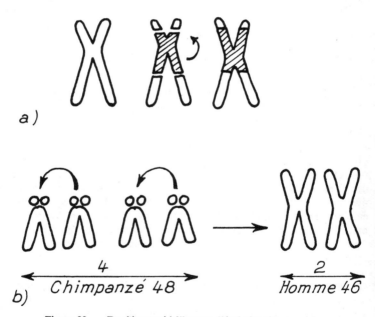

Figure 33 — Du chimpanzé à l'homme, l'évolution chromosomique.

Les principales modifications ont consisté en inversions péricentriques (en haut) et en fusions centriques, lesquelles ont réduit le nombre chromosomique de 48 à 46 (en bas).

complexe, fait d'une inversion péricentrique et d'une délétion* très courte; les chromosomes nos 12, 17, 18 ont subi, eux aussi, une inversion péricentrique;

— le chimpanzé comme le gorille ont 48 chromosomes; leur caryotype ne diffère que légèrement à la suite de quatre remaniements mineurs.

A partir de ces constatations, J. de Grouchy et Catherine Turleau ont pu « proposer » ce que devait être le caryotype de l'ancêtre commun aux primates et à l'homme, il y a 20 millions d'années... Cela ne signifie pas forcément que la similitude apparente d'une paire chromosomique de deux espèces voisines ne puisse pas cacher quelques changements plus « subtils », à l'échelle moléculaire, tels que des mutations géniques ponctuelles (voir *page 61*), invisibles sur le caryotype malgré le perfectionnement apporté ces dernières années à sa technique.

HOMINISATION ET MUTATIONS GÉNIQUES

Ainsi les remaniements chromosomiques ne peuvent expliquer à eux seuls le « modelage » de la forme des espèces nouvelles. Ce modelage a dû être assuré par les mutations géniques responsables d'une véritable « évolution moléculaire » que l'on peut imaginer plaquée sur l'évolution chromosomique. De même que l'étude soignée d'un fossile de primate permet çà et là de noter un caractère simien, néanderthalien, humain, de même l'étude d'une protéine dans ses détails permettra de noter çà et là des structures inchangées depuis des temps immémoriaux (puisqu'on les retrouve chez des êtres vivants aujourd'hui, mais apparus sur terre depuis des dizaines de millions d'années, à côté de motifs récents, contemporains de l'hominisation).

Une mutation génique crée une modification du message héréditaire qui va entraîner la synthèse d'une protéine nouvelle (voir *page 64*). Les protéines ainsi programmées vont, tout en conservant un fonds commun de ressemblance, différer en de nombreux endroits. Or nous savons que les techniques biochimiques (électrophorèse, chromatographie) se sont développées au point que l'on connaît aujourd'hui, acide aminé après acide aminé, la séquence exacte de nombreuses protéines. En comparant la séquence des protéines (hémoglobine, insuline, albumine, etc.) d'organismes apparus en des temps différents dans une même lignée évolutive (lémuriens, pongidés, homme, par ex.), on a créé la paléogénétique chimique, on a démasqué la « mise en réserve du temps dans les structures » (J. de Rosnay).

Pauling et Zuckerkandl (1962) ont analysé, chaîne après chaîne, acide aminé après acide aminé, la constitution de l'hémoglobine du cheval, du porc, du gorille et la constitution assez proche de la myoglobine de la baleine. En faisant coïncider, site par site, la séquence des acides aminés de ces différentes chaînes avec ce que l'on sait de la séquence propre aux chaînes humaines, ces auteurs ont remarqué qu'à travers l'évolution il existe sur la molécule de globine des sites qui sont occupés, quelle que soit l'espèce envisagée, par des acides aminés identiques. D'autres sites, de plus en plus nombreux à mesure que l'on s'élève dans l'échelle zoologique, sont occupés par des acides aminés différents. La séquence des acides aminés varie donc en fonction du temps écoulé entre l'apparition sur terre du premier cétacé (environ — 80 millions d'années) et l'apparition de l'homme.

Sarich, à l'université de Berkeley (Californie), vient d'apporter une sérieuse contribution à la paléogénétique humorale : il a comparé les albumines du sérum de différentes espèces de primates (tarsiens, gibbons, macaques et anthropomorphes). Il a, en quelque sorte, mesuré leur « degré de correspondance immunologique » par une méthode qui s'est montrée sensible au point de déceler la substitution d'un seul acide aminé de la chaîne de l'albumine. Il a pu mesurer la « distance » qui sépare les autres primates et l'homme. Ses conclusions recoupent parfaitement les données de la paléontologie et de la primatologie, et confirment par une technique immunologique les traits communs persistants et les différences accumulées depuis que notre « lignage » humain s'est séparé de celui des singes...

Il serait facile de multiplier les exemples (groupes sanguins, hormones protéiques, cytochromes, enzymes, anticorps) qui apportent la même remarquable confirmation de l'évolution moléculaire.

UN MYTHE COMMODE : LES RACES HUMAINES

Carl von Linné (1707-1778) entreprit de classer les êtres vivants qui nous entourent (végétaux et animaux) en espèces et sous-espèces (ou « variétés », ou races). Dans la foulée de son œuvre considérable, le naturaliste suédois rassembla tous les hommes vivants en une seule espèce, *Homo sapiens*, sur le critère de leur interfécondité qui est bien réelle. Mais, au-delà de l'espèce, il proposa six races : américaine, européenne, asiatique, africaine, sauvage (!) et monstrueuse (!!). Les races « originelles » n'existent pas : des préhistoriens ont cru voir dans l'homme de Cro-Magnon un ancêtre des Blancs, dans l'homme de Chancelade un Esquimau, un Jaune dans l'homme de Chou-Kou-tien, un négroïde dans l'homme de Grimaldi. Cette opinion est totalement délaissée aujourd'hui. Peut-être était-elle une réminiscence inconsciente des affirmations de la Genèse : Sem, Cham, Japheth et leurs épouses repeuplèrent la terre après le déluge. De Sem descendirent les peuples de langue sémitique, de Cham les peuples de langue kamitique (dont les anciens Égyptiens) et de Japheth le reste des nations...

Si l'on envisage seulement les humains vivants, l'accord n'a jamais pu se réaliser au sujet des critères morphologiques à retenir :

— variations de la taille : des Pygmées (1,40 m) aux Chilouks (1,80 m)...;

— forme du crâne : brachycéphales au crâne court et large; dolichocéphales au crâne allongé et étroit...;

— aspect des cheveux avec six catégories principales décrites par Deniker;

— couleur de la peau avec trois grandes races (leucodermes les « Blancs », xanthodermes les « Jaunes », mélanodermes les « Noirs ») et deux races rares par le nombre de leurs représentants, les Pygmées et les Australoïdes, en voie d'extinction.

Montandon reprend ces critères majeurs, en introduit d'autres, secondaires (forme des cheveux et du nez), et décrit vingt races humaines différentes.

La tendance actuelle, même s'agissant de végétaux et d'animaux, n'est plus d'isoler des « prototypes », des « étalons » à déposer dans un musée au hasard d'une découverte ou d'une capture. « Il ne suffit pas, pour être grec, d'en avoir le profil... Une différence héréditaire ne devient essentielle pour caractériser une race que *lorsque quelqu'un en décide ainsi*. Un nez sémite ou une peau noire ne sont pas plus significatifs, dans l'évolution de l'espèce, qu'une tête aux cheveux rouge flamboyant » (W.C. Boyd).

H.V. Vallois classifie encore, mais introduit une nouvelle notion importante : celle de la localisation géographique. Il établit donc une transition entre le concept formel de la race et celui d'ethnie et de population. De fait, la notion de race doit être soigneusement confrontée à d'autres notions, dès qu'il s'agit de l'espèce humaine :

— l'ethnie est un groupement fondé sur la communauté des caractères culturels et linguistiques : les Slaves, les Germains, les Latins représentent ou ont représenté une civilisation, une entité linguistique et non pas raciale; de même, on parle de langues aryenne, sémite ou bantoue, et non pas de races;

— un peuple est un ensemble d'hommes groupés sous une même autorité;

— la nation est un groupement d'hommes habitant un même territoire et ayant en commun des intérêts, une histoire, parfois une religion ou une langue.

Exceptionnellement, isolement géographique, ethnie, religion et race peuvent se superposer assez étroitement : c'est le cas des aborigènes australiens ou Australoïdes (quelques dizaines de milliers d'hommes ou de femmes, dont l'une d'elles est devenue championne internationale de tennis...), des Boschimans, des Esquimaux. Mais, le plus souvent, par suite d'événements historiques, politiques, économiques, les masses humaines se sont regroupées ou dissociées bien en deçà ou au-delà de leur cadre racial. D'où la définition moderne d'une race humaine : *un ensemble de populations ayant pour de nombreux locus, des structures géniques semblables*. Il n'existe pratiquement plus de populations pures, mais des groupes d'individus qui s'unissent encore davantage entre eux qu'avec leurs voisins. Leur patrimoine génétique se dilue cependant par le biais des migrations. « A l'heure actuelle, l'humanité doit être considérée comme un seul *pool** de gènes intercommunicants » (E. Mayr). « Nous sommes tous les métis de quelqu'un... Toutefois, les différences qui, depuis toujours, ont frappé l'observateur — couleur de la peau, des yeux et des cheveux, vêtements, langue, religion, coutumes — correspondent à tout ce qui fait apparaître l'autre comme différent de soi. Tous ces caractères ont en commun d'être immédiatement perceptibles : ils tombent sous les sens, nous frappent ou même nous choquent... L'anthropologie du siècle dernier ne pouvait que sécréter le racisme[1]. »

1. J. Ruffié, *De la biologie à la culture*, Flammarion, 1976.

L'humanisation

Nous quittons la paléontologie pour la préhistoire et un fait aveuglant nous frappe : l'accélération de l'évolution en fonction du temps plus récemment écoulé. Alors qu'il a fallu près de 400 millions d'années pour rallier l'amphioxus, pratiquement sans cerveau, aux rongeurs dont les modestes hémisphères tiennent dans le creux de la main, 4 à 5 millions d'années ont suffi pour amener Lucy, la jeune australopithèque maniant l'outil et connaissant le feu, à ce que nous sommes aujourd'hui avec notre cerveau *quatre* fois plus lourd que le sien (cerveau consommateur du quart de l'oxygène que nos poumons inspirent, alors qu'il n'est que 2 % du poids d'un corps humain). Merveilleux organe qui a permis l'humanisation.

LES DEUX CERVEAUX

On s'accorde en simplifiant à lui distinguer deux étages :
— le cerveau inférieur, pas tellement différent de celui de tel autre primate : organe du comportement, fait de groupes cellulaires commandant à la faim, à la soif, au jeu, au sommeil, au rêve, à la sexualité, imposant au gré des circonstances la fuite ou l'agressivité, la panique ou la colère qui saura faire front pour la défense ultime du territoire sacré; premier centre de l'instinct social, du désir du couple, de la création de la famille, de l'accomplissement du groupe;
— le cerveau supérieur ou cortex cérébral : le premier cerveau nous primatise et nous hominise, assure nos conduites stéréotypées, tandis que le second nous humanise, permet la pensée constructive et l'épanouissement de la liberté. Parler de pensée constructive, c'est évoquer la notion d'intelligence. Et tomber dans le piège de sa définition. En 1904, on demandait à Binet, créateur du « quotient intellectuel » (QI) : « Mais qu'est-ce donc que l'intelligence ? » Il répondait : « C'est ce que mesure mon test ». La plupart de ceux qui négligent de définir

correctement l'« intelligence » font ensuite de celle-ci le moteur d'une « réussite » qu'ils définissent incomplètement en proposant seulement deux critères : la réussite « sociale » et la créativité « géniale »[1]. Pourquoi être intelligent ne serait-ce pas aussi savoir atteindre au bonheur par les voies naturelles ? Un homme heureux parce que bien adapté à son temps, à sa famille, à son métier est à coup sûr un homme intelligent, même s'il n'est ni un patron ni un génie. Le quotient intellectuel ne traduit qu'un aspect fragmentaire de la faculté de saisir la réalité, du jugement, de la volonté, de l'intuition et de la clairvoyance qui donnent à l'homme le pouvoir de « comprendre » (*intellego*) ses semblables et son milieu.

Ces qualités « humaines » ont de toute évidence leur siège dans le cerveau supérieur qui connaît trois phases de développement « chevauchantes », mais qu'on peut décrire isolément : la mise en place des cellules nerveuses ou « grande migration »; la mise en place des innombrables liaisons (les synapses) entre ces cellules, ou « câblage des circuits »; la synthèse de la myéline, soutien, isolant, aliment des cellules nerveuses (ou « cerveau et nutrition »).

Ces trois phases sont à commande génétique. Mais les événements extérieurs au fœtus puis à l'enfant peuvent influencer, en bien ou en mal, le déroulement normal de l'édification du cerveau. L'inné et l'acquis s'interpénètrent[2]; vouloir les opposer ouvrirait un faux débat. Et s'agissant de « performances intellectuelles » et non pas de la taille, du diabète ou de l'hypertension, ce faux débat prendrait vite une allure passionnelle.

---

1. En 1869, le célèbre statisticien anglais Galton publia un livre intitulé *Hereditary Genius*. Il présentait dans ce livre un vaste programme eugénique destiné à enrayer la décadence de l'espèce humaine, et notamment des aptitudes intellectuelles de la race blanche en déclin depuis Périclès. Tissu d'inepties, rédigé avec sérieux et avec la meilleure volonté du monde.

2. C'est l'histoire de la bougie d'Albert Jacquard : « La flamme de la bougie n'existe que grâce à la présence de la cire, de la mèche et de l'air; sa couleur, sa dimension dépendent des caractéristiques de ces trois éléments; il est toujours possible d'étudier les effets d'une variation de la composition de l'air, la cire et la mèche restant identiques, de réaliser ainsi une ''analyse de variance''; mais qui aurait l'idée d'utiliser les résultats d'une telle analyse pour prétendre que la flamme est due, pour 30 % à la cire, 50 % à l'air et 20 % à la mèche ? De tels chiffres ne seraient même pas faux; ils n'auraient rigoureusement aucun sens. Pour aborder de tels problèmes, il faudrait utiliser des concepts beaucoup plus subtils qu'une simple répartition en pourcentage. »

LA GRANDE MIGRATION

Le 28e jour de l'embryon, la gouttière neurale devient tube et se ferme d'arrière en avant. Vagues après vagues, les cellules nerveuses du renflement antérieur vont donner les vésicules cérébrales successives. Curiosité du plus grand intérêt : les dernières cellules nées, celles qui hominisent le mammifère qui les porte, gagneront l'écorce cérébrale en traversant les rangs des premières vagues. « Elles ne prennent pas la queue », elles s'insinuent, migrent et s'installent à la périphérie, créant par leur flux les circonvolutions les plus compliquées.

Nous connaissons bien certaines maladies génétiques héréditaires qui, hélas, témoignent du détraquement de ce minutieux mécanisme. Les cellules restent en panne, source future d'une certaine forme d'épilepsie ou d'une débilité mentale profonde.

En somme, à la naissance ou plus exactement chez l'enfant de 5 mois, la totalité de nos cellules corticales est en place, elles ne se diviseront plus jamais à l'avenir. Les boîtes de Meccano sont déposées, bien fermées, par le père Noël de l'hérédité dans les chaussons du nouveau-né.

LE CÂBLAGE DES CIRCUITS

Cette seconde étape, qui va durer jusque vers l'âge de 2 à 5 ans, va nous faire assister à l'ouverture des boîtes de Meccano. C'est l'heure des câblages, des connexions, des synapses comme disent les neurophysiologistes. Aucune machine électronique actuelle, si importante et si compliquée soit-elle, ne peut encore donner une idée des réseaux neuroniques qui forment la base indispensable de nos mécanismes intellectuels. Qui est responsable de cette construction ? Le message génétique encore, comme pour la totalité de la première période, celle de la migration des neurones, mais aussi l'environnement. Voici le grand mot lâché.

Or le « cortex cérébral », ainsi que le souligne Grassé, apparaît comme étant dans sa plus large part un *organe social*. Les circuits neuroniques ne s'y établissent que sous l'empire de stimuli sensoriels et sensitifs. Sans eux, le cortex ne se différencie pas et ne devient pas fonctionnel. La maturation cérébrale est l'œuvre des « stimuli sociaux ». Entre 2 et 6 ans, à l'âge « préopérationnel » selon Piaget, l'enfant pense d'une façon intensément égocentrique, il évalue ses propres pensées sans aucun sens objectif et ne se rend pas compte de son manque de logique. Mais si, par bonheur, il est obligé fréquemment de tenir compte du point de vue d'autrui, de contrôler son propre raisonnement sur les réalités extérieures qui s'imposent à lui en discutant avec d'autres, ce processus lui permet de développer ses capacités intellectuelles, ce qui fait partie des activités d'une bonne école maternelle. Plus un enfant entend et voit, plus il désire entendre et voir. Le drame de l'enfant défavorisé est qu'il n'a pas souvent eu l'occasion de commencer ce processus de développement intellectuel progressif.

Ne parlons pas des enfants-loups. Il est pratiquement prouvé qu'ils n'ont jamais existé. Fragile et unique témoignage, celui du pasteur Singh, en 1920. Aux Indes, on abat une louve qui gardait l'entrée de son repaire. Blotties parmi les louveteaux, on découvre Amala et Kamala, deux fillettes de quelques mois. Par contre, les enfants sauvages ou, mieux, « ensauvagés » existent bel et bien. Quadrupèdes, marqués de callosités aux mains, aux coudes, aux genoux, les dents et les ongles longs, ne riant ni ne pleurant, grimaçant, couverts de cicatrices de morsures, griffant, hurlant, grognant, fuguant, lappant, ils sont insensibles à la douleur et aux brûlures et meurent prématurément. Linné les signalait déjà et les baptisait *Homo ferus*. Puis ce sera Victor de l'Aveyron, si bien décrit au siècle dernier par Itard et recréé par Truffaut dans son film *l'Enfant sauvage*, Ramu découvert dans un sac sur un quai de gare, aux Indes en 1954, et peut-être l'inquiétant Kaspar Hauser découvert à l'âge adulte sur une place de Nuremberg en 1828, catatonique, une missive à la main.

La désafférentiation sensorielle peut ne porter que sur l'un des sens et les observations sont là encore démonstratives.

La cataracte congénitale de l'enfant opéré trop tard, après 6 ans, ne permet pas de récupérer une vision définitivement compromise par manque d'incitation. Les aveugles de naissance sourient comme les enfants voyants. Mais comme personne ne répond à leur sourire (du moins le croient-ils), ce comportement s'atrophie. Des enfants sourds et aveugles-nés rient silencieusement (sous cape), comme si le comportement moteur du rire était involontaire.

Des psychanalystes ont été les premiers à reconnaître l'existence de périodes sensibles lors du développement. C'est vers le 3e mois que le nourrisson établit une liaison personnelle avec sa mère. Si l'environnement est stable à cette époque, l'enfant apprendra ce qu'Erikson nomme la « confiance primitive ». Si l'enfant est hospitalisé vers le 8e mois, il cherche d'abord un substitut maternel. S'il ne le trouve pas, il se rebelle ou se décourage. Si le séjour se prolonge plus de 4 mois, la moitié de ces enfants deviendront des débiles profonds et des psychopathes.

Même chez l'adulte déconnecté trop longuement de ses semblables, une perte de l'acquis peut intervenir. Il est bien établi aujourd'hui que le Robinson Crusoé de Daniel de Foe lui fut inspiré par l'histoire d'un marin écossais, Selkirk, découvert muet après quatre ans d'isolement total. Mais l'histoire ne dit pas s'il recouvra l'usage de la parole.

CERVEAU ET NUTRITION

Après la cellulogénèse ou grande migration à commande innée, après la mise en place des synapses liée surtout aux incitations de l'environnement, voici la myélogénèse ou synthèse chimique de la myéline qui assure l'isolement de la plupart des connexions nerveuses. Nous serons plus brefs à ce sujet en soulignant ses caractéristiques principales.

Parmi les amino-acides qui composent la myéline, la tyrosine qui conduit à la noradrénaline, médiateur de l'état de veille, est essentielle. « Aux Indes, raconte le professeur Mandel, j'ai souvent vu des hommes, des enfants allongés, dormant dans la rue. Je ne crois pas, comme l'affirmaient certains de mes collègues, qu'il s'agissait de paresseux, mais plus simplement d'individus qui souffraient d'une carence protéique, responsable de la production insuffisante de noradrénaline pour les maintenir en état de veille. »

D'une façon générale, lorsqu'un animal reçoit une alimentation pauvre en protéines, la production de myéline subit une réduction sensible. Qui plus est, même remis à une alimentation normale, les animaux carencés conservent, leur vie durant, une myéline insuffisante, cela parce que la myélinisation est programmée à un stade précis de l'existence de l'animal. Si, passé ce stade, on alimente correctement l'animal, cela ne sert à rien : le temps de l'induction enzymatique est passé. Qu'en est-il des observations en clinique humaine? Elles sont encore rares, mais tout récemment Winick et ses collaborateurs ont publié les résultats de l'analyse du contenu en acides nucléiques et en protéines des cerveaux de cinq enfants morts de carence alimentaire au cours de la première année. Tous avaient une diminution nette du nombre des cellules cérébrales. Chez deux d'entre eux, le nombre de cellules, apprécié par la teneur en ADN, ne dépassait pas 40 % de la normale. Ces résultats préliminaires sont très frappants. Ils confirment les faits observés par les mêmes auteurs sur le rat.

Les études statistiques réalisées en Amérique du Sud (Guatemala, Chili, Pérou, Colombie) ont montré que la période de vulnérabilité biologique du cerveau humain est la période prénatale et les premiers mois de la vie. En effet, la croissance pondérale du cerveau humain s'opère essentiellement à ce moment. Si l'on compare le QI d'enfants de même ethnie, dans le même environnement, mais les uns malnutris et les autres alimentés convenablement, on s'aperçoit que les infortunés du premier groupe présentent une insuffisance de mémorisation, une médiocrité des facultés d'observation et de l'aptitude à l'expression verbale. Ces troubles sévères du développement mental sont d'autant plus accusés que la malnutrition a duré longtemps.

Une maison inoccupée est une maison morte. Un ordinateur non programmé est un embarras inutilisable et coûteux. Un cerveau de nourrisson non sollicité ou malnutri est un cerveau vide. Certes, on naît à la vie avec un « jeu » génétique plus ou moins sophistiqué. Les boîtes de Meccano déposées près de la cheminée vont du numéro 0 (la plus simple) au numéro 13 (la plus compliquée). Les « dons intellectuels de base » sont inégaux, c'est probable. Mais, *dès la naissance*, ce qui va compter surtout ce sont les connaissances (les « données ») et le programme offerts à cet ordinateur tout neuf qui ne demande qu'à fonctionner. Tel connaîtra à 3 ans 600 mots, tel autre 60! Quel handicap! Ce qui compte, dès lors, ce n'est plus tellement l'hérédité, c'est l'ensemencement intellectuel et social. *Homo sapiens* est un nidicole, non un nidifuge. Le caneton suit n'importe qui, on le leurre avec une facilité déconcertante. Le passereau, comme le petit d'homme, attend la becquée, alimentaire chez l'oiseau, alimentaire et intellectuelle chez l'humain. Seuls le nid, le foyer permettent sécurité et culture. L'égalité du savoir n'est qu'une utopie. Le message familial culturel prime, et de loin, la performance d'origine génétique pour guider l'être vers l'humanisation.

3

Où allons-nous ?

Hérédité et famille
ou l'avenir génétique des couples

« La consultation de génétique, comme toute prestation médicale, doit avoir pour but le bien de l'individu et de la famille qui demande conseil. Le généticien consultant ne doit pas chercher à appliquer un programme génétique favorisant les générations futures si ce programme est en contradiction avec les intérêts immédiats des personnes qui le consultent. »

Telle est la conclusion d'un groupe d'experts de différentes nations, réuni il y a quelques années à l'initiative de l'OMS. Tel est bien en effet le devoir du généticien médical. Avant d'être un « problème de société », la question « où allons-nous ? » est d'abord une question posée à un médecin par une femme et par son mari. La consultation de génétique diffère des autres consultations par la personnalité des questionneurs, la nature des techniques qui autoriseront (souvent) une réponse, et surtout par le contexte psychologique qui baigne cet entretien complexe et inhabituel.

Concerto pour une ombre

L'originalité réside d'abord en ceci que *nous formulons un pronostic pour un être qui n'existe pas*. Les spécialistes engagés dans cette œuvre prennent conscience, à chaque répétition, de ses difficultés.

On a beaucoup écrit à propos de la « relation médecin-malade », de ce « colloque singulier ». Mais il est unidimensionnel : « Vous me consultez, je vous examine, je découvre tel ou tel signe d'une affection (ou d'un conflit) que je démasque, je vous soigne, je vous guéris, nous sommes quittes de ce contrat. » Le gynécologue-accoucheur, surtout lorsqu'il traite la stérilité, a en face de lui un couple. Le généticien a en face de lui deux familles et leurs représentants les plus « concernés ». Familles dont les racines mortes lui sont presque inconnues, dont les branches desséchées ou vivaces sont étalées sous ses yeux, familles dont il doit prévoir les fleurs et les fruits. Car, dans leur quasi-totalité, les consultants désirent des enfants. Ce qui nous place dans une tout autre ambiance que celle qui règne dans les centres dits « d'orthogénie ».

Ils désirent des enfants, soit, mais pas à n'importe quel prix. La plupart des maladies génétiques sont à l'origine d'un handicap sérieux, intellectuel, moteur, sensoriel (vue, ouïe) ou esthétique. Le couple a pu, lors d'un premier événement douloureux, faire front avec courage ou se résigner. Mais la seule évocation d'un deuxième événement identique au premier crée un état d'angoisse aux retombées conjugales, familiales, sociales.

Le couple est motivé dans sa démarche et déterminé de plus en plus souvent par l'intervention d'un médecin de famille (vis-à-vis duquel la « formation continue » aura démontré l'intérêt et les possibilités du conseil génétique). Motivés, les parents sont sincères. Nous sommes au fait de secrets familiaux qu'en d'autres temps seuls les prêtres recueillaient, et les notaires enregistraient. Dresser une généalogie met parfois au jour un de ces secrets, inceste, enfant illégitime, avortement provoqué à l'époque où il était légalement réprimé. On conçoit que de telles enquêtes soient menées dans le calme, lors d'un contact feutré et bien conduit. La présence au foyer d'un ou de plusieurs malades, l'épuisement physique et moral que cette présence peut entraîner, rendent compte parfois d'une fragilité conjugale qu'il nous faut pressentir : conjoint atteint tardivement, des années après le mariage, d'une myopathie invalidante; mariage entre deux hétérozygotes pour la même mutation (voir *page 88*) et naissance d'enfants atteints de mucoviscidose* ou de maladie de Werdnig-Hoffmann* : les époux réalisent brusquement que toute union de chacun d'entre eux avec tout autre conjoint eût été « génétiquement préférable » à leur mariage actuel; conductrice pour une affection liée au chromosome X (voir *page 94*) dont tout mariage, quel qu'il soit, offre les mêmes perspectives à sa descendance. Parfois, on a préféré fuir l'ombre, et le divorce mettra un terme à certaines situations.

Les services de génétique médicale

Les pays scandinaves et anglo-saxons, la Suisse, l'Allemagne fédérale ont créé des instituts universitaires de génétique humaine ou des services hospitaliers de génétique médicale. En France, dans pratiquement tous les Centres hospitaliers et universitaires (CHU), un « consultant-enseignant » a été formé à cette discipline. Il donne les informations demandées, assure les techniques indispensables à un diagnostic précis. Ici, c'est un pédiatre, là un hématologiste, ailleurs un psychiatre. Le recrutement, les possibilités de telles consultations les limitent, par définition même, à n'envisager que certains aspects du conseil génétique.

Il n'existe dans notre pays que trois chaires universitaires de génétique humaine ou médicale, deux à Paris, une à Lyon. En dehors de ces deux villes, il n'existe pas d' « école » susceptible de dispenser un enseignement autonome, formateur de conseillers génétiques spécialisés exerçant à plein temps leur discipline et seulement celle-ci. A l'heure de l' « Europe blanche », nous prenons du retard sur nos voisins, et c'est dommage, car nos possibilités étaient grandes. Pas un tissu, pas un organe qui ne connaisse le poids des mutations-maladies. Pas une discipline clinique qui ne recèle un chapitre plus ou moins lourd d'affections liées aux anomalies du message héréditaire. Pas un praticien généraliste ou spécialiste qui ne rencontre un jour, porté à sa connaissance par une famille angoissée, le cas d'un « mutant-déviant » médical ou social. L'étude de l'hérédité humaine normale ou anormale est un objectif suffisamment vaste pour justifier une *autonomie universitaire*, mais aussi *hospitalière*, par la création au sein de l'hôpital public de *services de génétique médicale indépendants*, tels qu'il n'en existe encore que trop peu chez nous. Dans une même journée, un médecin généticien peut être appelé à recevoir les parents d'enfants débiles profonds, un couple qui vient de donner naissance à un nouveau-né malformé, deux fiancés apparentés, deux aveugles, deux sourds qui désirent se marier sans risque, une femme qui a présenté trois ou quatre fausses couches spontanées, la sœur d'un hémophile ou d'un myopathe, toute une famille où sévit une épilepsie ou une démence héréditaires. Si l'on est pédiatre, obstétricien, hématologiste, neurologue seulement, comment assumer la tâche?

La génétique médicale est une spécialité que l'on peut acquérir après la pédiatrie, l'obstétrique, l'hématologie ou la neurologie. Elle demande plusieurs années d'études supplémentaires, une longue expérience, un engagement définitif dans une activité professionnelle passionnante mais totalement accaparante.

Le cœur d'un service de génétique médicale est son service de documentation, sa bibliothèque. *Nous n'avons pas le droit de ne pas savoir.* Chaque semaine, dans une quarantaine de revues internationales de génétique, paraissent de nouveaux travaux sur la structure du gène et du chromosome, la carte factorielle, de nouvelles observations d'enfants malformés ou atteints de maladies métaboliques ou dégénératives. L'information doit être intégrée aussitôt : car, si le lendemain est présenté à la consultation un enfant souffrant de cette même anomalie génétique, il doit être reconnu comme tel et ses parents informés. Plus de 2 000 « mutations-maladies » différentes sont actuellement répertoriées. La liste s'allonge sans cesse, non pas que le nombre total en augmente, mais les descriptions sont de plus en plus fines et paraissent dans des dictionnaires, traités, atlas qu'il faut acquérir tous, tant est grand le risque de voir se périmer les connaissances en ce domaine.

L'intérêt d'une enquête génétique peut être tel qu'il nécessite le déplacement de l'enquêteur, plus simple et moins coûteux au demeurant que le voyage de plusieurs personnes de leur domicile à l'hôpital. Par ailleurs, les sujets en bonne santé, mais chez lesquels des examens biologiques seraient souhaitables dans l'intérêt de leurs proches, répugnent généralement à se déplacer. Cette enquête sur place (la « génétique dans la cuisine », comme aimait à le dire Franceschetti) amène parfois à consulter des archives familiales, des actes officiels ou paroissiaux. L'article 51 de l'ordonnance de 1539, dite de Villers-Cotterêts, a rendu obligatoire la tenue stricte des registres de paroisse (registres des actes de baptêmes, mariages, décès et « état des âmes »). Cette ordonnance de François Ier fut laïcisée par Napoléon Ier

qui, le 20 juillet 1808, institua l'état civil. La recherche et l'étude de tels documents demandent une collaboration du généticien et des spécialistes en démographie historique. Dans la voie tracée par Jean Sutter, qui étudia la luxation congénitale de la hanche en Bretagne, mes collaborateurs procèdent à des recherches dans le Haut-Jura, en Savoie, en Ardèche, en Auvergne dont les points de départ sont des « mutations » rencontrées aujourd'hui dans nos hôpitaux et qui éclairent d'un jour inhabituel les mœurs, les coutumes, les contraintes économiques de populations disparues depuis plusieurs siècles (voir *page 85*).

Les unions risquées

Le certificat médical prénuptial obligatoire institué en 1945 avait pour but avoué de dépister la syphilis et la tuberculose pulmonaire. Une version actualisée de cet examen instaure le dépistage de la rubéole, de la toxoplasmose, de l'immunisation rhésus. Le conseil génétique « obligatoire » ne s'impose pas, car, heureusement, la grande majorité des prénuptiaux sont des « fiancés sans problèmes ». Pourtant, il existe encore des unions risquées.

UNION ENTRE APPARENTÉS

Le droit civil français interdit les mariages suivants :
Article 161 : « En ligne directe, le mariage est prohibé entre tous les ascendants et descendants légitimes ou naturels et les alliés dans la même ligne. »
Article 162 : « En ligne collatérale, le mariage est prohibé entre le frère et la sœur, légitimes ou naturels (...). »
Article 163 : « Le mariage est encore prohibé entre l'oncle et la nièce, la tante et le neveu, que la parenté soit légitime ou naturelle. »
L'Église catholique interdit les mariages entre ascendants et descendants en ligne directe, et en ligne oblique, « jusqu'au troisième degré de supputation canonique ». Cependant, les dispenses sont courantes pour les mariages entre apparentés du troisième et du

deuxième degré. D'ailleurs, c'est l'analyse de ces dispenses dans les registres paroissiaux qui a permis d'étudier avec précision sur deux siècles la consanguinité en France.

Ces proscriptions civiles et religieuses sont dénuées de tout souci biologique. A preuve l'union possible entre doubles cousins germains dont le coefficient de parenté est le même que celui entre demi-frère et demi-sœur, ou entre oncle et nièce.

La fréquence générale des unions consanguines est beaucoup plus faible qu'au siècle dernier. On s'unit désormais entre catholiques et protestants, les hautes vallées de montagne se dépeuplent, les jeunes gens se marient « à la ville », bien que la crainte de l'étranger soit encore vivace dans certaines régions (voir *page 92*). Les migrations intérieures (Bretons et Auvergnats de Paris) ou d'une nation vers une autre ressoudent des populations de même origine au sein desquelles les unions se forment plus volontiers qu'avec des éléments venus de l'extérieur du groupe. Les fêtes de famille laïques ou religieuses sont une occasion non rare où cousins inconnus se découvrent et s'éprennent l'un de l'autre. La fréquence des unions entre apparentés en France n'est plus guère descendue au-dessous du taux de 1 mariage consanguin pour 100 mariages. C'est peu si on le compare par exemple à celui de la Tunisie qui est encore de nos jours de 1 mariage consanguin pour 7 mariages. Les risques de la consanguinité sont maintenant bien calculés (voir *page 91*). A propos de l'hérédité dite en transmission récessive autosomique, j'ai expliqué cette probabilité accrue qu'ont les mariés consanguins de donner naissance à un enfant sourd, à un malvoyant par cataracte ou rétinite pigmentaire, à un nain ou à un albinos. Le risque est lié au coefficient de parenté, non négligeable pour les cousins dits « germains » (et *a fortiori* en cas d'inceste frère-sœur ou père-fille), beaucoup moins lourd entre cousins dits « issus de germains ».

UNION ENTRE HANDICAPÉS

Nombre d'entre eux ont appris à se connaître dans les écoles, les ateliers, les séjours de vacances. Parvenus à l'âge adulte, ils se marient. Le fait est là, depuis longtemps s'agissant de malentendants ou de malvoyants, plus récemment s'agissant de diabétiques, voire d'asthmatiques... Un problème très actuel est celui du mariage entre jeunes gens handicapés intellectuels légers ou moyens. Dans ce cas, le risque que courent les enfants à naître est d'abord celui de la carence éducative ; le risque génétique est faible et n'est mis en jeu qu'en de rares circonstances.

Par contre, l'hérédité est très souvent en cause dans la genèse des lourds handicaps sensoriels. *Le mariage des sourds, le mariage des aveugles ou malvoyants ne doit plus être risqué à la légère.* Nos collègues audiologistes et ophtalmologistes le savent bien. Plus de cent mutations anormales peuvent mener à une surdité, plusieurs centaines à une cécité. Les généticiens en connaissent la longue liste et sont en mesure d'éclairer les consultants, beaucoup mieux qu'autrefois. Et dans la majorité des cas l'avis du généticien sera favorable : le mariage n'est pas contre-indiqué, parce que les fiancés sont aveugles ou sourds à la suite d'un désordre génétique non dominant ou d'un désordre acquis (tel qu'une surdité après méningite tuberculeuse traitée par la streptomycine, tel qu'une cécité par fibroplasie rétrolentale* ou rubéole) et différent dans son origine chez l'un et chez l'autre fiancé. Leurs enfants n'ont pratiquement aucun risque de naître aveugles ou sourds.

A l'opposé, le généticien, aidé de l'audiologiste ou de l'ophtalmologiste, peut déceler les unions à déconseiller formellement car ne donnant naissance qu'à des aveugles ou des sourds... De telles unions sont rares, mais elles existent potentiellement. Nous devons faire tout ce qui est en notre pouvoir pour les prévenir. De même, certains mariages entre myopathes adultes risquent d'entraîner pour les mêmes raisons théoriques la naissance d'enfants apparemment normaux qui, parvenus à l'âge adulte, deviendront tous myopathes.

MARIAGE D'UN SUJET ATTEINT D'UNE MALADIE GÉNÉTIQUE

Son conjoint est normal et sait qu'il va épouser un malade. Le problème théorique est généralement très simple. Il est résolu par les lois de Mendel. Le gène dont est porteur le malade est dominant autosomique : 1 enfant sur 2, fille ou garçon, sera atteint (voir *page 84*). Ou sa maladie est due à l'existence d'un couple de gènes récessifs autosomiques à l'état homozygote : aucun enfant ne sera atteint, mais tous seront conducteurs hétérozygotes (voir *page 91*). Ou le gène, chez cet homme, est lié au chromosome X : tous ses garçons seront normaux et leur lignage définitivement débarrassé de la maladie, mais toutes ses filles seront conductrices (voir *page 95*).

Néanmoins, exposer ainsi la vérité cruelle et froide des transmissions de type mendélien évoque immanquablement la « loterie génétique », la « roulette russe », et de tels entretiens sont toujours difficiles et source d'anxiété. Dans l'éventualité d'une maladie autosomique dominante très grave (certaines cécités congénitales, par exemple, certaines maladies dégénératives de la moelle épinière telles que la maladie de Strumpell-Lorrain que j'ai évoquée [voir *page 18*]), le (ou la) fiancé(e) ou jeune marié(e) atteint(e) exige parfois une stérilisation définitive devant le risque très élevé (50 %) de donner naissance à un enfant atteint de la même déficience que son père (ou sa mère). Des cas semblables (assez exceptionnels à vrai dire) nous ont été soumis et nous avons alors posé l'indication de stérilisation par ligature des canaux déférents chez l'homme, ou des trompes chez la femme. L'acte chirurgical définitif, l'adoption ou l'insémination artificielle (si c'est le mari qui est malade) peuvent être discutées avec le couple laissé libre de son choix.

JANE ET SA FILLE

Jane a trente ans. Elle appartient à une lignée d'achondroplases. Son père, sa grand-mère paternelle et le père de celle-ci (qu'elle a connu) mesuraient moins d'un mètre. Lorsqu'elle est debout en face de mon bureau, je dois me pencher en avant pour la découvrir. Dans cette famille, on compte des acteurs de cirque ambulant, des « catcheurs », aux côtés de commerçants en fruits et légumes ou marchands de fleurs sur les marchés. Leur intelligence est vive, leur fécondité normale. Simplement, les femmes doivent accoucher par césarienne. L'anomalie, due à un gène dominant qui empêche le développement du cartilage de croissance des os longs, est notable dès la naissance, et même avant, dès le 7e mois de grossesse, par la radiographie du ventre de la future mère. La probabilité mendélienne est de 50 %, garçon ou fille indifféremment : une boule noire et une boule blanche dans l'urne du destin.

Jane a écouté l'explication. Elle revient l'année suivante, enceinte, mais sans mari. Naissance heureuse par césarienne d'une enfant de taille normale. Dans ce jeu de pile ou face, Jane a eu de la chance. Je l'ai revue récemment avec sa fillette de trois ans qu'elle tenait par la main. L'enfant est plus grande que sa mère. Jane, rayonnante de joie, venait nous demander une ligature des trompes.

FIANCÉS NORMAUX MAIS INQUIETS

Car il existe dans la famille de l'un d'eux un malade, un « anormal » dont « on » a dit que le désordre originel pouvait être « héréditaire ». C'est un futur couple qui consulte, déjà mûr et conscient de ses responsabilités, ou immature et flanqué de ses ascendants directs (plus volontiers des futures belles-mères dont l'agressivité le dispute au souci). La marche à suivre est délicate, car elle peut menacer le secret professionnel dont l'existence nous interdit évidemment d'effectuer une enquête quelconque à propos d'une famille à l'insu de celle-ci ; l'obstacle est le même à l'intérieur d'une branche collatérale de la famille qui consulte si l'on n'obtient pas le consentement préalable de ces collatéraux. Il arrive que certaines demandes de conseil tournent court. Il ne pourrait en être autrement dans ces circonstances-là.

Il arrive aussi que tout s'arrange en quelques mois. Même certaines hargnes ou brouilles tenaces entre apparentés plus ou moins proches s'apaisent devant l'importance du résultat : la sérénité retrouvée d'un jeune couple. Car, dans la grande majorité des cas, l'enquête autorisée par la famille à propos de ce « cas » litigieux révèle que la maladie dont il souffre n'est pas héréditaire. Par exemple, il s'agit d'un ou d'une trisomique 21 « libre » accidentelle. Un caryotype trouvé normal chez les futurs époux rassure définitivement tout le monde, à peu de frais. La probabilité pour ce couple d'engendrer un enfant mongolien est la même que celle pour un couple pris au hasard. Ou bien un fiancé normal a un frère atteint de myopathie de Duchenne ou frappé d'hémophilie. Ce fiancé-là ne court absolument pas le risque de transmettre la maladie à sa descendance, car ces mutations sont liées au chromosome X. Par contre, une sœur ou une tante maternelle des mêmes malades devra, si elle désire être éclairée, se soumettre à des tests tendant à découvrir si elle est ou non conductrice de la maladie (voir *page 97*). La procédure psychologique et technique est délicate et créatrice d'une angoisse bien compréhensible dans la mesure où il n'existe pas encore de traitement efficace de ces deux graves affections.

Des œufs sans avenir

Que n'a-t-on dit et écrit autrefois à propos des fausses couches spontanées qui se répètent? Le spectre de la syphilis régnait en maître, dans ce domaine-là aussi, à une époque pas tellement reculée. On soignait sans relâche épouse et mari. Puis vient une ère plus scientifique : il est prouvé en effet que des avortements spontanés sont liés à une carence hormonale en progestérone, notamment à partir du 3e mois. En réalité, 2 sur 3 avortements précoces (c'est-à-dire au cours des deux premiers mois de la grossesse) sont liés à des aberrations chromosomiques (voir *page 56*). Mieux, on peut affirmer maintenant que la moitié des avortements spontanés se produisent, avant que l'on ait pu noter le retard des règles, témoin de la fécondation. Les monosomies autosomiques tuent l'embryon avant son implantation dans l'utérus. On ne peut évidemment lutter directement contre cet accident de la conception reconnu par ailleurs dans de nombreuses espèces animales. Mais, dès le deuxième accident, le caryotype du couple s'impose, à la recherche d'une anomalie chromosomique équilibrée (voir *page 56*) chez l'un ou l'autre des partenaires.

Ces connaissances nouvelles sont à l'origine d'une collaboration scientifique originale entre généticiens et gynécologues-obstétriciens que l'on imaginait difficilement il y a encore une dizaine d'années.

Des œufs ponctionnés

Depuis 1970-1972, il est devenu possible de pratiquer un diagnostic anténatal de certaines maladies génétiques, par ponction du liquide amniotique à la 16e ou 17e semaine de grossesse, culture des cellules contenues dans le prélèvement, établissement du caryotype, et dans certains cas bien particuliers analyse du fonctionnement enzymatique de ces cellules.

La ponction est pratiquée sous anesthésie locale, par voie externe suspubienne après repérage ultrasonique (par l'échographie [1]) de la situation du placenta que l'aiguille doit, si possible, éviter de traverser. Le liquide prélevé est porté directement au laboratoire par le mari, ce qui évite de ce fait toute erreur d'identification ou d'étiquetage (dont les conséquences seraient désastreuses). Les cultures demandent une quinzaine de jours pour être analysées. Les échecs (de ponction ou de culture) se sont raréfiés avec le perfectionnement des techniques. Les accidents (mort de l'œuf provoquée par la ponction) sont tout à fait exceptionnels entre des mains exercées.

Il est indiqué de pratiquer cet examen :

— lorsqu'un des procréateurs présente lui-même une anomalie de structure des chromosomes (voir *page 56*), généralement décelée chez lui à l'occasion de la naissance d'un premier enfant malformé;

— lorsqu'une femme âgée de plus de 38 ans, enceinte de moins de 17 semaines, manifeste son inquiétude, compte tenu de l'augmentation réelle de la fréquence des trisomies 21 à partir de cet âge maternel;

— lorsqu'un enfant précédent est né atteint d'anencéphalie* ou de *spina bifida;* ces malformations s'observent parfois à plusieurs reprises dans la descendance de certains couples; le dosage de l'« alpha-fœtoprotéine » dans le liquide amniotique permet de diagnostiquer l'existence dès la 16e ou 17e semaine d'un second embryon atteint de la même anomalie;

— lorsqu'un premier enfant est décédé d'une maladie métabolique d'origine génétique, et si le diagnostic en est possible *in utero*.

La liste des « maladies dépistables » s'allonge sans cesse grâce aux progrès de la biochimie. Elles se transmettent généralement en récessivité autosomique, ce qui signifie que l'embryon a 1 risque sur 4 d'être atteint, donc 3 sur 4 d'être cliniquement normal. Un progrès indiscutable a été de muer la loterie mendélienne, la roulette russe que j'ai évoquée plus haut, en certitude. L'angoisse liée au jeu du hasard disparaît. Et lorsque l'on sait la gravité de certaines de ces maladies aujourd'hui décelées *in utero* — par exemple dégéné-

---

1. L'œuf est visible dès la 5e semaine, l'embryon dès la 7e semaine. A 8 semaines, on devine le cœur qui bat et les premiers mouvements des membres.

rescence de la myéline* avec apparition, vers l'âge de quelques mois, de paralysies avec dégradation intellectuelle inéluctable, convulsions, puis cécité, surdité et mort —, on ne peut prétendre que cette technique nouvelle ne constitue pas un progrès médical. Auparavant, ces couples n'osaient plus procréer, de peur d'engendrer une fois encore un infirme, pratiquaient une contraception farouche, divorçaient parfois. Aujourd'hui, et s'agissant de ces cas particuliers, les couples ont le nombre d'enfants sains qu'ils désirent, en toute sécurité.

La génétique médicale aide à une dynamique nataliste, alors qu'on l'a trop longtemps présentée comme restrictive, « eugénique » et stérilisante. Une condition toutefois à cette procédure : le type de la maladie dont sont morts le ou les aînés doit être connu avec précision. D'où l'existence de « banques de cellules » où sont conservées dans l'azote liquide, donc à très basse température, les cellules prélevées chez les enfants avant leur mort. Réchauffées, réveillées des années plus tard, ces cellules étudiées avec les méthodes du jour permettront un diagnostic plus précis, condition préalable à l'étude biochimique des cellules de leur cadet vivant dans l'utérus.

Trois points méritent encore d'être fortement soulignés à ce propos :

— Le diagnostic anténatal doit être le fait d'équipes pluridisciplinaires entraînées comprenant obstétriciens, généticiens, pédiatres, biologistes. Elles sont peu nombreuses en France mais suffisent largement à assurer la « demande » que l'on peut estimer à 2 000 cas annuels au maximum dans notre pays.

— Décider de réaliser un diagnostic anténatal, c'est évidemment lier la démarche à l'*interruption éventuelle de la grossesse*. Il n'est pas souhaitable d'engager le processus si le couple, pour des raisons personnelles, est opposé à l'avortement qui sera proposé si l'embryon est atteint.

— Un diagnostic négatif pour une maladie dépistable, rassurant en soi, *ne met pas à l'abri de toute autre anomalie non dépistable* dont pourrait être porteur le fœtus. Le couple doit en être prévenu. Le diagnostic anténatal n'est pas une assurance tous risques contre les handicaps, comme le croit volontiers le public depuis certains articles de presse et émissions télévisées qui ont sacrifié le réel au sensationnel.

La naissance d'un anormal

Pour des parents, apprendre coup sur coup que leur enfant est atteint d'une maladie presque toujours sévère et souvent encore incurable, puis qu'une lourde hypothèque pèse sur la conception de leurs futurs nouveau-nés est un double traumatisme, inévitable certes, mais dont le second temps doit être différé si les conditions le permettent. Un conseil génétique ne doit pas être assené. La « génétique dans le corridor » est toujours vécue comme un odieux souvenir.

Les parents ne prennent parfois conscience de la gravité du handicap intellectuel, moteur, sensoriel ou esthétique qu'après quelques semaines ou mois écoulés. Ce délai, mis à profit pour répondre à temps aux questions posées, ne doit être ni trop court, pour des raisons psychologiques, laissant au couple le temps nécessaire pour réaliser et assumer sa nouvelle situation; ni trop long, car dans ce cas une nouvelle grossesse peut être en cours, et la solution du problème n'en sera que plus compliquée.

Si l'enfant était mort à la naissance ou s'il meurt dans les heures qui suivent celle-ci, il est fondamental d'avoir une connaissance précise des causes de son décès, qu'il existe ou non des malformations externes évocatrices. Dans la génération médicale qui nous a précédés, on ne faisait presque jamais l'autopsie d'un nouveau-né mort. Les temps ont changé. Les parents ne refusent plus cette vérification. Et même ils la réclament lorsque l'accoucheur est réticent, parce que la pratique de ces autopsies délicates lui fait défaut. Ce sont les parents qui ont raison. Si quelques mois plus tard, le généticien est consulté, il ne pourra donner aucun conseil génétique en l'absence de données précises sur l'état de l'enfant mort. Si vraiment l'autopsie est impossible, il faut prendre au moins des photographies et une radiographie du squelette de l'enfant dans son ensemble. Et se souvenir qu'à partir du sang prélevé même vingt heures après la mort (par ponction cardiaque) des cellules lymphocytaires peuvent encore « pousser » en culture et permettre l'établissement du caryotype du nouveau-né décédé. Au-delà du service rendu au couple, nous examinerons plus loin (voir *page 182*) les conclusions que ces données précises concernant des cas de malformations d'enfants vivants ou morts, recueillies dans une même région ou dans un même pays, peuvent amener en matière de protection de la santé publique.

Le dépistage néo-natal

Tout nouveau-né français reçoit un carnet de santé complet, coûteux, lourd de tableaux, de cases à remplir... C'est un grand progrès, sous réserve que nos confrères veuillent bien le remplir. Chaque nouveau-né doit être examiné par un pédiatre au cours de sa première semaine. C'est un très grand progrès, sous réserve là encore que la description des anomalies constatées (s'il en existe) soit correctement faite. Au-delà de cet examen légal sont réalisés des dépistages plus sophistiqués, en relation avec les découvertes génétiques et biochimiques les plus récentes. Je n'en citerai qu'un exemple : depuis 1966, on a progressivement instauré en France le dépistage systématique de la phénylcétonurie. A la maternité, une goutte de sang est prélevée au talon du nourrisson et absorbée par un buvard, l'imprimé correspondant est rempli par la sage-femme et le tout est expédié au laboratoire régional qualifié pour le dosage. La maladie ne frappe, me dira-t-on, que 1 nouveau-né pour 12 000 à 15 000 naissances. Le résultat national pour 1976 a été que 42 enfants nés en France seraient en quelques mois irrémédiablement devenus des débiles profonds si ce test n'avait pas été fait. Même ceux qui comptent et doivent évaluer le rapport coût du test/bénéfice réalisé sont convenus de conserver et d'encourager ce dépistage. 40 à 50 cas de débilité profonde évités chaque année chez nous, cela vaut bien ce grand effort. Le traitement diététique bien appliqué après le diagnostic et maintenu 7 à 10 années confère à ces enfants la guérison, alors qu'ils étaient, avant la pratique du test, voués à vivre en marge (et à la charge) de la société durant toute leur existence.

Le dépistage d'autres maladies d'origine chimique ou endocrinienne (notamment celui de l'hypothyroïdie*, ou déficience du corps thyroïdien) est à l'étude. D'autres débilités profondes en puissance pourront être immédiatement corrigées. La liste de ces dépistages s'allongera dans la mesure où la maladie dépistée aura le profil suivant : mutation non exceptionnelle, test fiable, rapport coût/bénéfice correct, prévention possible de la maladie par un traitement efficace.

Hérédité et société
ou l'avenir génétique des humains

Le proviseur du lycée d'Annemasse

Des responsables de Maisons des jeunes et de la culture m'ont parfois donné l'occasion d'apporter des éléments de réponse à cette question : où allons-nous? La presse futurologique et les media gourmands de ces thèmes, dont ils savent qu'ils passionnent l'opinion, contribuent au préchauffage de certaines de ces soirées. Le médecin conférencier, même s'il est familier de la formation continue, risque d'être désarçonné dès lors qu'un débat s'élève autour de lui très au-delà des préoccupations immédiates de ses confrères.

J'ai ressenti ce décalage lors d'une de ces séances très ouvertes à la discussion. C'était peu avant Mai 68. Tout juste l'époque à laquelle l'éditorialiste d'un quotidien français bien connu publiait un non moins célèbre article : « La France s'ennuie... » Que ne se trouvait-il, ce soir-là, à Annemasse (Haute-Savoie)!... Une exposition sur la drogue, détaillée, illustrée, superbe, avait attiré les jeunes de la ville et de ses environs, foule intéressée, trop intéressée.

Bref, alors que le thème primitif de la rencontre se trouvait être l' « hérédité des maladies humaines », certains éléments s'étaient conjugués pour qu'une discussion s'engageât à propos de l'écologie (dont on parlait, il y a dix ans, beaucoup moins qu'aujourd'hui). J'étais resté dans les limites du propos défini par les organisateurs lorsqu'un membre de l'assistance bondit de sa chaise, m'apostrophant d'une voie tendue : « Vous nous parlez de ce que vous faites, en génétique, au jour le jour, alors qu'il n'y a qu'un sujet qui compte : que seront les hommes dans cent ans? » J'appris un peu plus tard (car, mécontent de mes réponses, mon interlocuteur avait quitté la salle avant la fin de la réunion) qu'il s'agissait du proviseur du lycée de la ville.

Je n'ai pas oublié ce vif incident. Je pense aujourd'hui que le proviseur avait raison. Je pense qu'au-delà des problèmes du couple et de la famille, un généticien médical doit être soucieux de l'évolution des sociétés et des civilisations dans la mesure où sa réflexion personnelle, fondée sur ses connaissances, peut se révéler utile à leur sauvegarde.

Où nous n'irons plus

ADOLF HITLER, BIOLOGISTE

Or, l'histoire de l' « eugénique » est l'histoire d'une série d'échecs. Chez les Lacédémoniens, l'enfant né d'un citoyen n'appartient pas à sa famille, mais à l'État. Si la commission des Anciens juge qu'il n'est pas assez vigoureux, le jeune Spartiate sera « exposé », c'est-à-dire abandonné dans la campagne, ou précipité dans le gouffre voisin du Taygète. Pour Sparte, dès la fin de ce VIe siècle qui l'avait vue adopter ces lois, c'est le déclin et la fin d'un règne.

A deux siècles de là, *la République* de Platon légifère ainsi : « Les femmes de nos guerriers seront communes toutes à tous... Il faut que les rapports des sujets d'élite de l'un et de l'autre sexe soient très fréquents, et ceux des sujets inférieurs très rares ; de plus, il faut élever les enfants des premiers, et non ceux des seconds, si l'on veut que le troupeau ne dégénère point... Pour les enfants des sujets inférieurs, et même pour ceux des autres qui auraient quelques difformités, on les cachera, comme il convient, dans quelque endroit secret qu'il sera interdit de révéler... »

Lorsque le fanatisme s'allie à l'ignorance et épaule le pouvoir, toutes les conditions sont en place pour mener aux pires moments de l'histoire humaine. Dans sa prison de Berg am Lecht, entre 1924 et 1926, Hitler avait lu le traité d' « hérédité humaine » de Baur,

Fischer et Lenz. Le chapitre XI de *Mein Kampf*, intitulé « Peuple et Race », en fait foi : « L'Aryen est le Prométhée du genre humain, l'étincelle divine du génie a de tout temps jailli de son front lumineux. Conquérant, il soumit les hommes de race inférieure et ordonna leur activité pratique sous son commandement, suivant sa volonté et conformément à ses buts. Mais, en leur imposant une activité utile quoique pénible, il n'épargna pas seulement la vie de ses sujets; il leur fit peut-être un sort meilleur que celui qui leur était dévolu, lorsqu'ils jouissaient de ce qu'on appelle leur ancienne " liberté ". »

Comme le rappelle Jacques Ruffié [1], « la première loi raciste a été prise sous couvert d'eugénisme. Promulguée le 14 juillet 1933, elle prévoyait la stérilisation, même contre leur gré, de tous les sujets porteurs de certaines anomalies héréditaires. Ultérieurement, la stérilisation devait être étendue aux " bâtards ", c'est-à-dire à ceux qui étaient considérés comme des sang-mêlé et d'abord, selon les ordres donnés par Hitler lui-même en mai 1937, à tous les métis nés de femmes allemandes et de soldats noirs africains qui, en 1919, 1920 et 1923, avaient participé à l'occupation de la rive gauche du Rhin et de la Ruhr par l'armée française. Cet " héritage de la honte noire " fut facilement liquidé (il n'intéressait que quelques centaines d'adolescents, occupant tous des situations modestes). Mais l'essentiel de la politique raciste du IIIᵉ Reich devait s'exercer contre les juifs. Dès le 7 avril 1933, une série de lois les éliminait de l'armée, de l'administration et, pratiquement, des professions libérales. Elle limitait le nombre des enfants juifs pouvant entrer dans les écoles, les collèges et les universités. En 1935, la loi sur la citoyenneté du Reich allait plus loin encore, puisqu'elle ne reconnaissait comme citoyens allemands, jouissant de la totalité des droits civils et politiques (en particulier celui de posséder certains biens, d'hériter, d'exercer certains commerces, etc.), que les sujets de pure ascendance aryenne.

En même temps, une seconde loi pour la protection du sang et de l'honneur allemands interdisait le mariage et même toute relation sexuelle entre " citoyens allemands " et juifs. Les contrevenants étaient frappés de lourdes peines et, à partir de 1939, condamnés à mort. D'abord limitée au territoire du Grand Reich, cette législation fut étendue, par la suite, à l'ensemble de l'Europe occupée. »

---

1. *De la biologie à la culture*, Flammarion, 1976, p. 447.

Cette race aryenne était un concept créé de toutes pièces, à partir de vues erronées de philosophes romantiques tels que Gobineau et Georges Vacher de la Pouge, professeur d'anthropobiologie de l'université de Montpellier, lequel écrivait vers 1888 [1] : « Il est probable que si, dans l'espèce humaine, la fonction de reproduire était réservée par un privilège exclusif aux individus d'élite de la race supérieure, au bout d'un siècle ou deux, on coudoierait des hommes de génie dans la rue, et que les équivalents de nos plus illustres savants seraient utilisés aux travaux de terrassement... A trois générations par siècle, il suffirait de quelques centaines d'années pour peupler la terre (par emploi de la sélection) d'une humanité morphologiquement parfaite... Ce délai pourrait être abrégé dans des proportions considérables en employant la fécondation artificielle. Ce serait la substitution de la reproduction zootechnique et scientifique à la reproduction bestiale et spontanée, dissociation définitive de trois choses déjà en voie de se séparer : amour, volupté et fécondité... Les chances de succès offertes au peuple qui saura utiliser la sélection contre ses concurrents sont trop tentantes... La clef qui ouvre les portes de l'avenir est jetée dans le champ clos. Qui saura s'en emparer, s'en servir ? »

On connaît la suite. Le protectionnisme eut très tôt son corollaire constructif. Les SS et les Jeunesses féminines hitlériennes, jugés les plus dignes de perpétuer la race en question, avaient le devoir de procréer. La mesure fut appliquée et une organisation légale fit élever dans des maisons spéciales les enfants issus de ces unions passagères. Les minutes du procès de Nuremberg, tenues longtemps secrètes en cette matière, laisseraient supposer que plusieurs dizaines de milliers d'enfants naquirent entre 1935 et 1945 dans ces haras humains.

Nietzsche (« Je voudrais que l'on parlât du droit au mariage et qu'il fût rarement accordé... ») eut d'autres émules en France [2], en Scandinavie, en Grande-Bretagne, aux États-Unis... La décence la plus élémentaire ordonne que l'oubli se fasse aujourd'hui sur cette « viriculture » insensée.

---

1. *Les Sélections sociales (cours libre de science politique)*, Montpellier, 1888.
2. Alexis Carrel : « Pour la perpétuation d'une élite, l'eugénisme est indispensable. Il est évident qu'une race doit reproduire ses meilleurs éléments... L'élément d'une aristocratie biologique héréditaire serait une étape importante vers la solution des grands problèmes de l'heure présente. » *L'Homme, cet inconnu*, Plon, 1935.

JOSEPH STALINE, BIOLOGISTE

D'abord sous-chef de gare à Kozlov (aujourd'hui Mitchourinsk), Ivan Vladimirovitch Mitchourine (1855-1935) se consacra ultérieurement à la culture des plantes, grâce à l'aide du gouvernement soviétique. Sa théorie selon laquelle les hybrides peuvent être profondément modifiés par leur milieu de développement acquit assez vite une certaine notoriété. « Au début des années trente, écrivit Medvedev [1], à l'initiative de Trofime Denisovitch Lyssenko, de I. Prezent et de quelques autres, une grave controverse s'engagea en Union soviétique sur les problèmes d'agronomie, de génétique et de biologie générale... Des milliers de savants virent leur existence bouleversée par cette querelle qui eut un retentissement considérable sur l'enseignement de la biologie, de l'agronomie et de la médecine dans les établissements secondaires et les universités. Des centaines d'ouvrages scientifiques, des manuels scolaires, quantité de brochures de vulgarisation, des livres de philosophie et des encyclopédies, les journaux, même les œuvres de fiction et le cinéma [2] reflétèrent cette querelle. Des enseignants, des penseurs, des étudiants, des paysans, des ouvriers agricoles dans les fermes collectives, des hommes d'État, des écrivains, des journalistes furent entraînés dans le débat. »

La polémique avait été déclenchée à la suite d'un mot d'ordre contre les « tendances bourgeoises de la science » proposé aux militants du XVIe Congrès du Parti communiste. Lyssenko, agronome jusqu'alors relativement obscur, mais soutenu par Staline, devait prendre vers 1935 la tête de l'offensive contre la « clique mendélomorganienne ». Lyssenko et Prezent refusaient de reconnaître l'existence des gènes et niaient que les « chromosomes de la cellule contiennent une substance héréditaire spécifique, distincte du reste de l'organisme ». Ce postulat était, pour eux, « inventé par des généticiens »... Se fondant sur quelques résultats suspects obtenus au défi de toute condition expérimentale valable, Lyssenko et Prezent affirmèrent que le blé dur pouvait engendrer de l'avoine, du seigle ou de l'orge...

Puis vinrent les attaques publiques et personnelles contre les « chevaliers des gènes », baptisés « domestiques des services de Goebbels,

1. *Grandeur et Chute de Lyssenko*, Gallimard, 1971, p. 29.
2. A propos du film *la Salamandre*, voir *l'Étreinte du crapaud*, Arthur Koestler, Calmann-Lévy, 1972, p. 203.

utilisateurs fascistes de la génétique dans des buts politiques, ennemis du progrès de l'humanité ». En août 1940, le grand généticien Vavilov fut arrêté et d'autres avec lui qui allaient mourir en prison. De celui qui avait déclaré : « On pourra nous mener au bûcher, on pourra nous brûler vifs, mais on ne pourra pas nous faire renoncer à nos convictions », Medvedev écrit : « Sa mort fut la plus grande perte que le culte de la personnalité ait causée à la science soviétique [1]. »

Pour Lyssenko, ce fut la course aux honneurs : député au Soviet suprême en 1937, directeur de l'Institut de génétique d'Odessa en 1940, président de l'Académie des sciences de l'URSS jusqu'en 1965, année qui vit son élimination. Quelques années avant sa chute, il écrivait encore : « La cytogénétique tombe en ruine. Le mendélisme-morganisme a pleinement démontré son vide béant. Il pourrit aussi de l'intérieur et rien ne pourra le sauver désormais. » Il était grand temps par contre de sauver la culture céréalière soviétique qui paie de nos jours encore cette pseudo-science et les falsifications d'un terrorisme idéologique qui sut l'imposer pendant trente ans. Le 22 novembre 1964, un éditorial de la *Pravda*, signé par Belyaev, directeur de l'Institut sibérien de cytologie et de génétique, portait *a posteriori* ce jugement sévère : « Ce n'est un secret pour personne que le retard de la génétique dans notre pays est dû pour une grande part à l'influence négative du culte stalinien de la personnalité et à l'arbitraire qui a pesé sur la science, surtout en 1948. Après la fameuse session d'août de l'Académie Lénine des sciences agronomiques, la génétique fut accusée d'être une pseudo-science bourgeoise, idéaliste, métaphysique. Rien n'est plus faux que de telles assertions. »

Quelques mois après la révocation de Lyssenko, soixante-dix généticiens soviétiques déposaient, au cours des fêtes du centenaire de Mendel à Brno, une gerbe au pied du superbe monument à l'effigie du moine, extrait pour la circonstance de la grange où il était resté caché dix ans.

LE PRÉALABLE ÉGALITAIRE

Lorsqu'une organisation totalitaire met toute sa force dans la réalisation d'une politique raciale ou agronomique, ou autre, et ceci

---

1. *Op. cit.*, p. 108.

à l'encontre des évidences biologiques les plus élémentaires, l'affaire échoue lamentablement. Il n'y a pas de race humaine supérieure à telle autre. Une agronomie bien conduite doit tenir compte des lois d'hybridation et des propriétés du matériel génétique.

Moins apparent, et sans nul doute moins immédiatement pernicieux, un autre déviationnisme, doué au départ des meilleures intentions puisque fermement contraire à tout racisme, prétend à l'égalité des êtres vivants en société. En fait, si l'égalité des chances, des droits et des devoirs des individus qui la composent fait une société humaine idéalement juste, *l'égalité biologique des êtres est une impossibilité naturelle, dans toute espèce fondée sur la reproduction sexuée*... Et l'on peut généraliser cette donnée, comme l'a fait Robert Ardrey [1] : « Une société est un groupe d'êtres inégaux organisés pour faire face à des besoins communs. L'inégalité doit donc être considérée comme la première loi des structures sociales, que ce soit dans les sociétés humaines ou dans les autres. »

L'auteur américain a délibérément pris le parti de choquer certains lecteurs. Mais qui peut affirmer qu'il a tort lorsqu'il développe ainsi son sentiment, fondé sur l'évidence du polymorphisme humain : « La société juste, telle que je la vois, est une société dont un ordre suffisant protège les membres, quelle que soit la diversité de leurs dons, et où un désordre suffisant offre à chaque individu toutes les possibilités de développer ses dons génétiques. C'est cet équilibre entre l'ordre et le désordre, d'une rigueur variant selon les hasards de l'environnement, qui constitue à mes yeux le contrat social. La violation des impératifs biologiques a été l'échec de l'homme social... Si éclairés que nous puissions être, en poursuivant l'inaccessible, nous rendons impossible ce qui ne l'est pas... La philosophie de l'impossible a été depuis deux siècles le principal moteur des affaires humaines. Nous avons tenté de dominer la nature comme si nous n'étions pas nous-mêmes une partie de cette nature. Nous avons tiré vanité de notre pouvoir sur notre environnement physique tout en faisant de notre mieux pour le détruire. Et nous avons poursuivi le rêve de l'égalité humaine comme les hommes des siècles passés poursuivaient celui du Saint-Graal.

La grande aventure de l'homme contemporain ne laisse pas d'avoir

1. *La Loi naturelle (Une enquête personnelle pour un vrai contrat social)*, Stock, 1971.

été excitante ou fructueuse. A partir de notre rêve d'égalité, nous avons arraché des masses à la soumission et nous en avons conduit de plus grandes encore à l'esclavage. Nous avons donné naissance à de nombreux héros, de nouveaux mythes, de nouvelles épopées, de nouveaux despotes, de nouvelles prisons, de nouvelles atrocités. Substituant des dieux nouveaux aux anciens, nous avons consacré de nouveaux autels, composé de nouveaux hymnes, mis au point de nouveaux rites, formulé de nouvelles malédictions, érigé de nouvelles potences pour les incroyants. Nous avons rabaissé des sciences au rang de cultes, des hommes sincères au rang de menteurs publics. Nous avons même réduit l'idée fausse mais glorieuse que le XVIIIe siècle se faisait de l'égalité humaine à une idée plus commode, peut-être réelle, mais sans gloire : la médiocrité. »

Nous risquons, en somme, un nivellement intellectuel par la base. C'est là aussi le fait d'une biologie déviationniste, fruit d'une idéologie égalitaire qui voudrait gommer la variété des hommes et la spécificité des ethnies, niant les forces spontanées de sélection, inquiétante pour le devenir des générations qui viennent.

Les grandes peurs

En juin 1789, le souffle d'une panique irraisonnée balaya la campagne française. Ce vent devait s'apaiser dans la nuit du 4 août. De nos jours, la Grande Peur est au pluriel. Atome, pollution, manipulations, avec leurs noms de bataille (Hiroshima, Minamata, Seveso) ou leurs noms d' « affaire » (thalidomide, talc Morhange, boues rouges de la Montedison), suscitent dans les esprits une anxiété commune qui prend la place autrefois occupée par la peste, la famine, les brigands et la guerre. A propos de présumés coupables et présumés innocents, j'ai proposé plus haut (voir *page 25*) quelques chefs d'accusation. Avant de nous pencher sur les minutes de quelques-uns de ces procès, précisons d'emblée la « grande loi » que les accusés ont ou n'ont pas enfreinte.

Pour modifier la molécule d'ADN qui contient les gènes, un agent extérieur, « écologique », doit avoir pu pénétrer « par effraction » jusqu'au noyau de la cellule. Généralement, un expert à charge ou à décharge, qu'il soit cité par l'accusation ou par la défense, le sait bien. S'il l'ignore, il faut le récuser et lui réapprendre son métier.

Le viol du noyau est à la portée de trois sortes d'agresseurs :

— *Certaines radiations* qui, au-delà d'une certaine brièveté de leur longueur d'onde [1], entrent en résonance avec l'ADN et brisent les chromosomes. Encore faut-il distinguer entre les cibles frappées : une cellule somatique quelconque sera détériorée ou tuée. Son avenir est lié à celui de l'individu qui la porte. Elle disparaîtra avec celui-ci. L'hérédité n'est pas en cause. Au contraire, une cellule de la « lignée sexuelle » est un coffre-fort, un conservatoire où sont déposés les secrets de l'espèce. Les falsifications éventuelles apportées à ces documents par une radiation (mutation radio-induite) peuvent avoir de lourdes conséquences sur le destin des générations à venir.

— *Certaines molécules chimiques* dont la structure est compatible avec certains types de réaction peuvent modifier l'ADN (mutation chimio-induite). Une distinction soigneuse doit être établie entre effets obtenus *in vitro** (sur une culture de tissus quelconque) et effets obtenus *in vivo** : modification prouvée de la descendance des sujets soumis à ces agents. Je donnerai un exemple de la valeur de cette distinction : la caféine est une des plus puissantes « casseuses » de chromosomes *in vitro*. La consommation du café depuis quelques siècles n'a pas, à ma connaissance, multiplié l'apparition des monstres.

— *Certains virus* à ARN ou à ADN dont l' « essence » nucléique est proche de l'essence même des chromosomes. Expérimentalement et sans doute aussi spontanément (mais de cela il faudra apporter les preuves), leur intégration au génome* est possible, avec les conséquences que l'on imagine (mutation virio-induite). Encore faudra-t-il toujours préciser à quel système cellulaire on s'adresse. J'ai donné plus haut (voir *page 115*) les différences fondamentales qui opposent cellule procaryote* (une bactérie par exemple, avec son chromosome unique et « nu », très accessible) et cellule eucaryote* (une cellule sexuelle par exemple, dont les chromosomes nombreux sont protégés par plusieurs lignes de défense).

---

1. Rayons gamma, rayons X et certains ultraviolets (les plus « durs », à faible longueur d'onde).

CHROMOSOMES ET RADIATIONS

Lorsqu'une « radiation ionisante » frappe une structure nucléique, elle provoque au point où elle est absorbée une forte augmentation du mouvement vibrationnel des atomes susceptible d'entraîner un changement de configuration moléculaire, une rupture des fibres d'ADN, voire du chromosome entier lui-même. C'est-à-dire une mutation génique, ou un remaniement chromosomique, selon l'importance de la dose et de la cible. Les chromosomes et les gènes qu'ils contiennent sont particulièrement exposés lorsque la cellule est en train de se diviser, à l'instant, selon l'image que j'ai utilisée plus haut (voir *page 31*), où les « valises sont sur le palier ». La conséquence immédiate de ce fait est que plus un tissu est en voie de renouvellement actif, plus il est « radiosensible ».

En voici quelques exemples :

1. Parmi les *cellules somatiques* à 46 chromosomes, vivantes mais mortelles, multipliées durant toute la vie de l'individu mais disparaissant avec lui :

— Les cellules de la moelle osseuse, dites hémoformatrices puisqu'elles sont à l'origine des globules rouges, de certains globules blancs (polynucléaires) et des plaquettes (qui jouent un grand rôle dans l'hémostase, c'est-à-dire la lutte contre les hémorragies spontanées). Une irradiation massive accidentelle, criminelle ou professionnelle va provoquer anémie (chute des globules rouges), infections (chute des globules blancs dont le taux est surveillé avec tant d'attention chez tous les sujets exposés aux « rayons »), hémorragies (chute des plaquettes). Dans les cas graves, la greffe de moelle osseuse empruntée à un donneur a été tentée et souvent réussie. Malheureusement, à l'inverse, dans ces moelles osseuses altérées par l'irradiation, sur cette « mauvaise herbe », naissent parfois des souches dévoyées de cellules leucémiques. On ne sait toujours pas si les cassures chromosomiques sont la cause ou la conséquence de ces leucémies. Mais le fait est là : la leucémie des radiologistes est une maladie professionnelle reconnue et repérée depuis longtemps comme telle, et de nombreux irradiés d'Hiroshima sont morts, quelques mois ou quelques années après l'explosion, de la même forme de leucémie.

— Les cellules de la peau, du fait de la desquamation de l'épiderme, sont en renouvellement constant. Des radiologues d'hier, faute d'avoir pris la précaution de mettre des gants de plomb lorsqu'ils orientaient à mains nues le thorax des tuberculeux pour mieux exposer à l'écran cavernes et pleurésies, ont perdu leurs ongles et parfois leurs phalanges. Il a fallu, sur ces extrémités « brûlées » par les rayons, greffer une peau saine, généralement avec succès.

— Les cellules de l'embryon porté par une future mère enceinte de quelques semaines sont en constante division. Les doses massives d'Hiroshima ont entraîné des avortements quasi immédiats. Les doses importantes appliquées autrefois avec des implantations de radium, chez des femmes atteintes de cancer de l'utérus, tout contre un embryon en développement, provoquaient chez ces « enfants du radium » des malformations considérables. Il n'en est plus de même aujourd'hui, car les médecins savent tout cela. Il n'empêche que, sauf urgence, une femme en activité génitale ne doit subir l'administration de radio-isotopes ou des radiographies des reins, du tube digestif, de la vésicule, et bien évidemment de l'utérus et des trompes, *que si l'on est assuré qu'elle n'est pas enceinte.*

2. En ce qui concerne les *cellules germinales* à 23 chromosomes, potentielles, immortelles chez l'individu et qui lui survivent dans l'enfant qu'il a formé, au-delà de la mort, les divisions successives en rang serré, dans l'ovaire et dans le testicule, font de ces organes des cibles de choix. Ce n'est plus l'individu seul qui est frappé (son sang, sa peau) ou l'embryon qu'une mère abrite, c'est l'avenir de sa descendance qui risque d'être obéré. Cet effet génétique des radiations est connu depuis longtemps. Marie Curie, en 1914, avait déposé des tubes de radium contre des élevages de mouches drosophiles, mais sa recherche fut interrompue par la guerre. En 1927, H. J. Muller, élève du généticien Morgan, publiait dans la revue *Science* un article intitulé « Artificial transmutation of genes » avec la démonstration de trois lois toujours actuelles :

— la fréquence des mutations induites par une quantité d'énergie ionisante donnée est directement proportionnelle à cette quantité d'énergie ;

— il n'y a pas de seuil à l'action mutagène des rayonnements : toute dose, si faible soit-elle, a un pouvoir mutagène ;

— l'effet des doses administrées est cumulatif, indépendant de la notion de temps ; les petites doses répétées sont inéluctablement enregistrées dans les gonades.

CHROMOSOMES ET CHIMIE

Les molécules anticancéreuses

Le conflit entre chimie et chromosome s'est d'abord engagé pour une bonne cause : bloquer sur place les chromosomes en division anarchique d'une cellule cancéreuse. Une nouvelle arme conventionnelle, les « antimitotiques », est ainsi née dans les années cinquante :

— Les *moutardes à l'azote* sont dérivées de l'ypérite ou gaz moutarde utilisé pendant la Première Guerre mondiale. Elles ont ouvert historiquement la série des médicaments « radiomimétiques ». En effet, leur action contre les chromosomes imite l'action des rayonnements, d'où ce vocable très parlant. Ces substances possèdent des groupements chimiques « avides d'électrons » et propres à établir des liaisons définitives avec certains des constituants de l'ADN : ainsi peuvent s'établir des ponts très solides entre les fibres des chromosomes, empêchant leur disjonction et leur ségrégation dans les cellules-filles. On dit parfois de ces molécules très utiles en cancérologie qu'elles sont de véritables « poisons caryoclasiques » (littéralement : « qui cassent les noyaux »).

— Les *antimétabolites de l'ADN* : ils sont, par rapport aux médicaments précédents, ce que le cheval de Troie est au boulet de canon. Certains antimétabolites de l'ADN sont des molécules-sosies. Rappelons-nous les constituants de la double hélice (voir *page 35*), notamment l'existence des bases adénine, guanine, cytosine, thymine, d'un sucre, le désoxyribose, des groupements phosphorés. On offre à la cellule cancéreuse en division un élément de construction, un nucléotide par exemple, qui « ressemble » à un nucléotide naturel, mais dont la structure est légèrement différente, suffisamment pour que sa présence, dans la molécule d'ADN en voie de dédoublement, bloque l'ensemble du système. La cellule ne se divise plus. Tel est le cas :

- du 5-bromo-uracile, qui est un sosie de la thymine; simplement, le CH_3 de la thymine est remplacé par un atome de brome; la molécule d'ADN en voie de réplication se saisit du 5-bromo-uracile comme elle se saisirait d'une molécule de thymine; l'édifice tombe en panne;

- de la 5-fluoro-désoxyuridine qui se substitue à l'uracile; dans ce cas, on observe même des effets visibles du médicament, cassure et fragmentation des chromosomes; les centromères semblent se cliver avant même que les chromatides* ne s'éloignent l'une de l'autre;
- des dérivés de l'acide nitreux (nitrosamines) qui « déaminent » la cytosine et la guanine en les transformant en molécules proches, mais différentes; lorsqu'on connaît le rôle que cytosine et guanine jouent comme éléments du message génétique (voir *page 35*), on ne s'étonne plus guère que les cellules soumises à l'action de ces substances se mettent à synthétiser des protéines anormales; il y a bien là une « mutation chimio-induite ».

Les molécules antibiotiques

Les antibiotiques agissent de deux façons sur les bactéries. Ou bien ils les détruisent (bactériolytiques), c'est le cas de la pénicilline qui « lyse » la capsule de certains microbes sensibles à son action. Ou bien ils stoppent leur croissance (bactériostatiques) en intervenant à l'un des stades de la synthèse des protéines par la bactérie (voir *page 43*). Même si elle parvient encore à se diviser, la bactérie dévoyée perd son pouvoir pathogène. C'est le cas du chloramphénicol, puissant antibiotique dont la première et célèbre victime fut le bacille d'Eberth, agent de la fièvre typhoïde. Or, revers de la médaille, le chloramphénicol administré sans discernement pour des affections bénignes a tué quelquefois, en bloquant les synthèses protéiques de cellules normales, en particulier les cellules de la moelle osseuse dont nous avons vu qu'elles se divisent constamment pour fournir notre organisme de globules rouges et blancs. On sait aujourd'hui que le chloramphénicol bloque l'allongement des chaînes protéiques en voie de formation sur les ribosomes (voir *page 39*). La streptomycine qui fut déterminante dans la lutte contre le bacille de Koch, agent de la tuberculose, agit en « détraquant » les traductions du message génétique de la bactérie. Mais elle a provoqué, elle aussi, ses propres accidents (surdités définitives, notamment). En pathologie infectieuse, comme tout à l'heure en cancérologie, l'effet recherché contre la cellule pathogène (cellule cancéreuse ou bactérie) déborde parfois en direction des cellules normales, d'où certains accidents. Mais jamais il n'a été signalé d'effet sur les cellules de la lignée sexuelle dans l'espèce humaine.

Les molécules hormonales

L'administration d'hormones sexuelles dont les cibles sont précisément les organes génitaux est-elle susceptible de modifier le message génétique ? Au premier rang dans le box des accusés, la « pilule ». On se souvient du réquisitoire de Jérôme Lejeune dans le journal *le Monde* : « Qui parlera pour nos enfants ? » La contraception « chimique » fait appel à des hormones femelles (à doses aujourd'hui de plus en plus faibles, il est vrai) destinées à bloquer l'ovulation (« médicaments anovulatoires »). Il est prouvé désormais, avec le recul du temps, que les femmes qui ont utilisé la pilule n'enfantent pas plus de nouveau-nés malformés que les femmes qui ne l'utilisent pas. Il semble aussi qu'une pilule anticonceptionnelle « continuée » dans l'ignorance pendant les premières semaines d'une grossesse en cours soit sans danger immédiat pour l'enfant. Par ailleurs, le recul du temps est là pour nous permettre de juger de l'effet des hormones anticonceptionnelles, vingt ans après : on a pu noter la qualité des nouveau-nés de « seconde génération » engendrés par des jeunes femmes elles-mêmes nées de mères qui avaient « pris la pilule » avant de les concevoir. Là encore, semble-t-il, pas d'inquiétude en ce qui concerne des cas éventuels de malformation génitale ou autres. Mais on sait aussi que l'usage de certains médicaments proches des hormones naturelles, tels que le di-éthyl-stilboestrol, est à proscrire formellement chez une femme enceinte : des embryons de sexe féminin, présents dans l'utérus de leurs mères qui consommaient ce médicament, ont été victimes (devenues jeunes filles ou jeunes femmes des années plus tard) de tumeurs malignes du vagin.

Une tragédie mondiale

Ils sont plusieurs milliers en Allemagne, plusieurs centaines en Grande-Bretagne, au Canada et au Japon, plusieurs dizaines en Belgique. Ils sont nés entre 1959 et 1961, pour la plupart sans bras ni jambes, les mains directement insérées aux épaules, tels les ailerons d'un phoque, d'où leur nom : les phocomèles [1]. Les médecins mettront près de trois ans pour remonter à la source du drame : un tranquillisant très actif pour calmer les angoisses légères et les nausées

---

1. *Mèlos* : membre.

des femmes enceintes de quelques semaines. Pourquoi trois ans ? Parce que les cas de malformation à la naissance ne sont pas recensés à cette époque et qu'il faudra une « épidémie », des cas nouveaux s'ajoutant sans cesse aux précédents, pour que les services de santé publique de ces pays soient alertés. Parce que la firme Grünenthal, qui voit ce produit actif se vendre bien, sans accident ni incident chez les femmes elles-mêmes, poussera sa commercialisation. A la fin de 1961, lorsque le produit sera enfin retiré de la vente, la thalidomide était présente dans 54 spécialités aux noms différents (Contergan, Distaval, Softenon, Grippex, Neurosediv, Noctosediv, etc.). En France, la thalidomide, dont le visa publicitaire tarde un peu à être accordé, ne sera pas commercialisée. Un seul cas d'accident chez un nouveau-né sera signalé : sa mère est la femme d'un sous-officier des Forces françaises en Allemagne de l'Ouest. A Liège, une mère étranglera son enfant de quelques jours. Elle sera acquittée. Les survivants sont aujourd'hui de jeunes adultes. Leurs parents s'étaient groupés en « association de défense des enfants dysméliques* ». Ils ont obtenu pour eux quelques dommages-intérêts, des appareillages, une « rééducation ».

Une autre question se pose aujourd'hui : peuvent-ils se marier, et même parfois, car ils ont fait connaissance dans des centres de soins spécialisés, se marier entre eux ? Oui, en principe, puisque la molécule chimique a frappé l'embryon et non la semence de leurs parents. Les « bébés-thalidomide » ont souffert d'une embryopathie, pas d'une génopathie (voir *encadré 1*). Depuis cette terrible affaire, tout médicament, avant son autorisation de vente, est soumis à des tests « tératologiques* », c'est-à-dire après acquisition expérimentale de la certitude qu'il n'entraîne pas de malformations en excès chez les embryons portés par des souris, des rates et des lapines auxquelles on a administré le médicament pendant leur gestation. Le drame ne s'est pas reproduit avec de nouveaux médicaments, sinon très sporadiquement, sans jamais atteindre plus de quelques enfants et les preuves formelles de la « cause à l'effet » n'ont été qu'exceptionnellement réunies.

Les enfants du voyage

Le voyage, c'est celui que s'offrent des adeptes du LSD (diéthylamide de l'acide lysergique). De quelques enfants malformés, nés de mères ayant consommé cette drogue pendant leur grossesse, on va beaucoup parler dans les revues médicales scientifiques entre 1966 et 1970. Des résultats (contradictoires) d'expériences animales seront publiés. Un fait est certain : *in vitro*, le LSD casse les chromosomes et certains auteurs vont retrouver les mêmes cassures *in vivo* dans les lymphocytes de sujets, hommes ou femmes, connus pour rechercher avec le LSD des paradis artificiels. Ces toxicomanes présenteraient plus souvent (par rapport à une population « témoin » prise au hasard) cancers et leucémies. Des études en ultraviolet d'un mélange LSD + ADN de thymus de veau semblent prouver que la molécule du LSD s'intercale entre les bases de la double hélice et se lie avec les groupes phosphorés de cette dernière (voir *page 35*), détachant l'étui de protéines basiques (les histones* qui serviraient normalement de protection). L'ADN serait ainsi mis à nu. La querelle n'est pas éteinte. S'il n'y a pas eu seulement embryopathie, comme dans le cas de la thalidomide, mais aussi atteinte de la lignée germinale des parents avec cassures chromosomiques, il est permis, pour le « long terme », de se faire du souci pour ces enfants du voyage.

CHROMOSOMES ET VIRUS

Un virus est un chromosome nu (ou presque). C'est un message génétique à lui tout seul à l'état pur. Comme un homme qui plonge à l'eau se débarrasse d'abord de ses vêtements, il aborde un « hôte » en laissant sa capsule sur la berge. Ce n'est pas pour sauver la vie de celui qui le reçoit. Mais c'est pour se conduire avec lui d'étrange façon :

— Le virus peut le détruire comme un missile pulvérise sa cible mobile. C'est une lyse*. Il arrive qu'en médecine infectieuse on utilise encore cette méthode dans certains cas désespérés, certaines septicémies dont le germe est connu. Chaque bactérie a son bactériophage* « spécifique », son propre tueur fiché, connu, qu'il suffit d'injecter au septicémique pour obtenir parfois des résultats spectaculaires.

— Le virus peut s'installer dans la bactérie, se diviser avec elle, et lui conférer par exemple le pouvoir de résister à tel ou tel antibiotique, parce qu'il sait, avec son propre message génétique, coder pour la synthèse d'enzymes qui détruisent immédiatement l'antibiotique administré. On appelle alors ce virus un plasmide*, car il se tient à l'écart du chromosome de la bactérie, comme un « extrachromosome » en quelque sorte. On peut bricoler ces plasmides circulaires en y introduisant de l'ADN « étranger ». C'est une des formes de la recombinaison génétique (on dit aussi la manipulation) tant espérée que redoutée.

— Le virus peut briser en un point le chromosome d'une bactérie, s'y intégrer et ressouder le tout, comme un groupe de chahuteurs vient briser une ronde et s'y installe pour danser. L'incident peut passer inaperçu. Le virus en sommeil, inactif, se laisse diviser. Il devient « deux virus » chaque fois que la bactérie divise son propre chromosome pour devenir deux bactéries. Il ne s'exprime pas, ce qui signifie que ses gènes sont réprimés. Mais c'est une bombe à retardement. Qu'une « dé-répression » survienne, ses gènes se mettent au travail et « codent » (voir *page 38*) pour construire des nouveaux virus, avec leur capsule (on dit plus volontiers leur capside*). La bactérie qui est le siège de ce travail fébrile éclate bientôt, déversant à l'extérieur d'elle-même des centaines de ces « phages ». Ce phénomène porte un nom, la lysogénie*.

— En quittant la bactérie qu'il vient de tuer, un phage peut emmener avec lui quelques gènes de la bactérie, des « voisins » qui se trouvaient à ses côtés dans la ronde circulaire où il s'était introduit. Lorsque ce virus, le phage, pénétrera dans une autre bactérie, il lui apportera des gènes nouveaux, empruntés à la vieille bactérie qui est morte, alors qu'eux sont toujours susceptibles de synthétiser des protéines puisque l'ADN bien conservé est potentiellement « immortel ». C'est le phénomène de la transduction* que les médecins espèrent bien utiliser un jour pour introduire dans une cellule génétiquement malade, à l'aide d'un virus bien étudié et bien manipulé, un ou plusieurs gènes qui manquent à cette cellule pour être « guérie ».

Or une cellule d'un corps humain, par exemple, n'est pas une bactérie. Un eucaryote n'est pas un procaryote (voir *page 115*). Des essais de traitement cellulaire par cette méthode ont été faits. Jusqu'à ce jour, ils ont donné quelques résultats *in vitro* (on a « guér des cellules » en culture de tissu d'un enfant mort d'une galactosémie, maladie métabolique de cause génétique). On ne connaît pas encore de résultat stable *in vivo*, c'est-à-dire chez l'enfant malade lui-même.

Dans un domaine différent, une équipe de « manipulateurs » travaillant à San Francisco vient de réussir à intégrer dans le chromosome d'un colibacille le gène qui, chez le rat, connaît le message capable de synthétiser l'insuline : seulement (pour l'instant), ce gène refuse de fonctionner, il ne « s'exprime » pas. Lorsque ce dernier obstacle sera levé, des colonies de colibacilles élevées industriellement seront en mesure de produire en quantité massive de l'insuline de rat et, qui sait?, un jour, de l'insuline d'homme, si le gène intégré est emprunté à une cellule humaine. Un bon point pour les apprentis sorciers. Mais que de risques encourus, que de précautions à assurer!

Veiller au grain

On discute de l'acception de ce dernier terme : pour les uns, le symbole est marin, météorologique (et le grain désigne le grêlon qu'on redoute); pour les autres, le symbole est rural (la graine est précieuse, il faut la protéger). L'homme a étendu sa domination sur les terres et les océans, détourné les dangers venus des autres êtres vivants, maté ou éliminé les ennemis de son espèce. Il n'a plus devant lui d'autre adversaire sérieux que lui-même. « Après des milliards d'années, les longues chaînes d'ADN immortelles et immuables, changeantes et périssables, parviennent au jour où, à travers ce qu'elles ont elles-mêmes forgé, elles peuvent se contempler comme dans un miroir » (Thomas H. Jukes). Mais une attitude narcissique est dangereuse. L'homme doit apprendre aussi à se craindre et à se protéger.

LES ARAIGNÉES DE BIKINI

Lorsque des militaires ont pris pied à Bikini, dévasté par la première bombe à hydrogène, ils ont découvert des rats et des araignées. Des premiers, on a pensé qu'ils étaient terrés profondément lorsque l'explosion a balayé l'atoll. Des secondes, on sait aujourd'hui qu'elles résistent à des doses fantastiques d'irradiation (on a parlé de 60 000 roentgens!). Cette étonnante résistance des invertébrés aux rayonnements était connue depuis longtemps. Mais dans ce cas, quelle différence avec un malheureux homme que 450 roentgens, en une seule fois, peuvent tuer!

Le devenir des humains et de leur descendance vis-à-vis des doses massives de radiations a été suivi avec attention par les Américains après les explosions d'Hiroshima et de Nagasaki. A partir de ces événements, on a tenu à jour la liste des morts « secondaires » par leucémies et brûlures. On sait aussi que nombre de femmes enceintes ont avorté après l'explosion, ou accouché de nouveau-nés très souvent malformés. Les effets génétiques, eux, demandent pour être appréciés l'étude de plusieurs générations issues de sujets irradiés, S'agissant de pères, de mères, eux-mêmes exposés mais rescapés. et qui ont procréé par la suite, on peut affirmer que leur descendance n'a pas présenté un excès d'anomalies malformantes, si on la compare à la descendance d'un échantillon de couples pris au hasard. Neel, d'Ann Arbor (États-Unis), généticien mondialement réputé, responsable de l'enquête, est formel à cet égard. En mai 1977, il a été en mesure de le démontrer à Oslo devant la Société européenne de génétique humaine. Cependant, la *sex ratio* (rapport nombre de naissances de garçons/nombre de naissances totales) qui avoisine normalement 0,515 a été légèrement modifiée et l'on a vu naître plus de filles qu'il n'en était attendu. Que verra-t-on à l'étude de la troisième génération? Il est trop tôt pour en juger. La surveillance continue. Mais, jusque-là, indiscutablement, on attendait pire. En fonction des lois de Muller (voir *page 171*), il y a certainement eu excès de mutations nouvelles; seulement, ces mutations ne sont pas dominantes mais récessives, et il faudra pour qu'elles se manifestent un jour la rare conjonction face à face de deux gènes anormaux, en « double-dose » dans le même œuf issu de l'union de deux sujets irradiés vingt à trente ans plus tôt.

Dans l'attente aléatoire d'une nouvelle explosion atomique ou d'un accident majeur survenu du fait de l'utilisation civile de l'énergie nucléaire, il est plus raisonnable de parer au grain « réel » que d'imaginer la conduite à tenir devant un cataclysme potentiel. Or les météorologistes de la radioprotection tiennent le compte très précis des dangers présents dans le ciel « du jour ». Près de Paris, au Vésinet, le Service central de protection contre les rayonnements ionisants (SCPRI) dispose de tous les moyens nécessaires pour estimer les risques encourus dans notre pays depuis le développement des techniques qui font appel aux agents radioactifs. La radioactivité du lait des vaches françaises, celle des eaux de pluie ou des fleuves, celle des aliments prélevés au hasard dans les cantines et celle de bien d'autres substrats sont analysées et enregistrées en continu dans ce service où voisinent compteurs Geiger et ordinateurs.

La principale source actuelle (et de très loin) des rayonnements ionisants dans notre pays est la radiologie médicale. Les accidents dus aux rayons X ou gamma « médicaux » sont beaucoup plus fréquents que ceux liés à toutes les autres causes d'irradiation qu'abominent les écologistes. Les services de santé publique en ont pris conscience et la réglementation devient de plus en plus contraignante. Mais beaucoup reste à faire, et nous sommes, dans ce domaine particulier, à la traîne d'autres pays, de l'Allemagne fédérale notamment.

Certaines mesures simples seraient pourtant immédiatement applicables :

— Création d'un « carnet personnel d'irradiation » où chaque dose administrée sera inscrite. Ce carnet existe en Allemagne depuis le 1er mars 1973. Dans ce pays, toute radiographie du bassin ou de la colonne lombaire comporte l'obligation de mettre préalablement en place un « cache-gonades », filtre de plomb appliqué sur les testicules ou la région ovarienne.

— Institution d'un « permis d'irradier » pour les praticiens non radiologues qui désirent conserver leur appareil de radioscopie.

— Chez toute femme en âge d'activité génitale, il ne faut, sauf urgence, pratiquer de radiographie abdominale ou pelvienne que dans les premiers jours du cycle menstruel afin d'éviter l'irradiation éventuelle d'un embryon débutant.

— Les examens radiologiques pulmonaires de dépistage doivent être réservés à certaines populations à haut risque et cesser d'être systématiquement administrés à tout venant.

La « consommation radiologique » double tous les ans. Il faut d'urgence veiller mieux à ce grain-là.

MINAMATA ET SEVESO

On ne peut pas se passer de l'industrie chimique. On ne peut pas se passer des médicaments. Cela étant, on pourrait éviter l'assassinat périodique des poissons du Rhône par l'acroléine accidentellement déversée dans ses eaux en aval de Lyon; on pouvait éviter l'empoisonnement par le mercure de toute une population de pêcheurs japonais et la terreur de la dioxine suspendue sur la tête de centaines de familles lombardes; on a bien pu souffler l'énorme panache noir des fumées de Feyzin sans réduire l'activité de la raffinerie, mais après combien d'années de récriminations et de démarches!

Une réglementation sévère et coûteuse édictée très vite au lendemain de l'affaire de la thalidomide a permis d'éviter à ce jour le renouvellement d'un tel drame. Il est exact qu'une molécule chimique nouvelle ne peut être mise sur le marché du médicament qu'après avoir subi l'épreuve de sa « non-tératogénicité ». L'extrapolation à l'espèce humaine doit rester prudente. Et lorsqu'un risque potentiel existe pour un médicament jugé indispensable (antimitotiques, certains antibiotiques, certaines hormones, certains neuroleptiques), l'utilisatrice en est avertie (ou doit l'être) par le médecin qui a fait l'ordonnance et le pharmacien qui l'a délivrée.

Il était possible de compléter le système d'alerte d'une autre manière, d'installer des « voyants rouges » d'un autre ordre. C'est ce que nous venons de faire dans la région Rhône-Alpes. L'idée est ancienne : dénombrer soigneusement les enfants malformés vivants à la naissance ou mort-nés, définir une incidence de base de telle ou telle anomalie pour une population donnée et suivre de trimestre en trimestre cette incidence, toute élévation significative de la courbe attirant l'attention et entraînant une enquête complémentaire. Si ce système avait existé en Europe occidentale vers 1958, on n'aurait pas perdu plus de trois ans avant de s'alarmer de la naissance des enfants de la thalidomide, avec leurs mains soudées aux épaules. En moins d'un an, la molécule tragique eût été soupçonnée, démasquée, balayée du commerce. Et des milliers d'enfants sans bras ni jambes ne seraient pas nés. Malheureusement, on ne recense pas les cas de becs-de-lièvre, de *spina bifida*, d'anencéphalie, d'ano-

181

malie des membres, comme on additionne les observations de variole ou de choléra. L' « épidémiologie des malformations » demande des connaissances particulières, une méthodologie spécifique, une collaboration des généticiens, des embryologistes, des pédiatres, des statisticiens et des informaticiens. C'est pour avoir négligé ces aspects que dans les années soixante une enquête multinationale imaginée par l'OMS a échoué malgré l'importance des moyens engagés. En juin 1974, à l'initiative de l'américaine « National March of Dimes » qui s'était autrefois illustrée aux États-Unis dans sa lutte contre la poliomyélite, un groupe d'experts d'une dizaine de nations s'est constitué à Helsinki. L' « International clearinghouse for birth defects monitoring system » a été créé et surveille, usant d'une méthodologie unifiée, plus d'un million de naissances annuelles dans dix pays d'Europe et d'Amérique. La région Rhône-Alpes représente la France dans cette organisation qui publie un indice trimestriel concernant les principales malformations qu'on peut observer. Les Services de protection maternelle et infantile, par l'intermédiaire du certificat de santé de la première semaine, participent étroitement à cette action.

Nous disposons d'une incidence de base des malformations néonatales fermement établie, comprenant aussi l'étude systématique des embryons malformés expulsés. Ces chiffres fondamentaux ont désormais valeur de référence dans la surveillance à venir de l'écologie, notamment chimique et médicamenteuse. Par la même occasion, les familles, par l'intermédiaire de leur médecin, sont informées, en cas de malformation d'origine génétique, du risque de récurrence éventuel de l'anomalie. Enfin, la prospective en matière de rééducation des handicaps intellectuels, moteurs, sensoriels de l'enfant, repose sur des données précises que le ministre de la Santé publique peut utiliser largement. L'Institut européen des génomutations a été fondé à Lyon dans ce but, grâce à la Mutualité agricole.

L'ADN TRAFIQUÉ

Le « choc du futur » se révèle pour l'heure un peu différent de celui imaginé par Aldous Huxley dans *le Meilleur des Mondes*. Nous n'évoluons pas tout à fait vers une oligarchie en blouse blanche élevant des fœtus en bocaux, administrant ici tel toxique pour faire de cet espoir d'enfant un *epsilon* définitif, apte seulement aux tâches subalternes, là telle hormone pour conduire à l'édification rare et jalousement surveillée d'un futur *alpha* qui, plus tard, tout au long de son éducation, entendra chaque nuit sous son oreiller une voix enregistrée lui susurrer : « Tu es le plus fort, le plus intelligent et tu as été conçu et construit pour régner. » Le bricolage génétique est une réalité. Mais il a une autre allure. La grossesse en bocal relève toujours de la science-fiction. L'oligarchie n'est pas celle d'une seule nation régnant sur le monde, mais celle (sans pouvoir politique) d'une communauté scientifique internationale. Il reste encore à franchir des obstacles techniques importants. Le noyau d'un eucaryote n'est pas le chromosome vulnérable d'un colibacille. Les gènes étrangers insérés dans la ronde des gènes « d'origine » se révèlent souvent rétifs. Ils boudent. Devons-nous le déplorer ou nous en réjouir, en ressentir du dépit ou en concevoir de la crainte ?

En février 1975, au Centre de conférences d'Asilomar à Pacific Grove (États-Unis) se sont réunis 150 généticiens, microbiologistes et biochimistes [1], tous familiers de ce type d'expérimentation. D'un commun accord, tous ces chercheurs ont défini le cadre technique dans lequel ils devaient désormais poursuivre leurs travaux : les manipulations les plus dangereuses en puissance (dites de type P3 et P4) devront être effectuées dans une enceinte maintenue sous pression d'air négative et avec des systèmes de protection contre tous les risques de contamination. Le manipulateur devra changer de vêtements en pénétrant dans la pièce réservée aux expériences... Depuis, l'entente paraît moins parfaite entre activistes, tels les biochimistes Paul Berg et Mme Maxime Singer, et passéistes irréductibles, tel Chargaff [2]. La controverse nourrit la « lettre à l'éditeur » de la revue *Science*. Le conseil municipal de la ville de Cambridge (Massachusetts) a hésité avant d'accorder à l'Université

---

1. Dont les Français P. Kourilsky et P. Tiollais, de l'Institut Pasteur de Paris.
2. « If Dr Frankenstein must go on producing his little biological monsters — and I deny the urgency and even the compulsion — why pick *Echerichia coli* as the bomb ? » (*Science*, lettre, vol. 192, n° 4243, page 938).
En français : « Si le Dr Frankenstein devait continuer à produire ses petits monstres biologiques — et je lui en dénie l'urgence et même le désir — pourquoi se servir du colibacille comme d'une bombe ? »

Harvard le permis de construire pour de nouveaux bâtiments destinés à ce type de recherche. L'Institut national américain de la santé (National Institute of Health, ou NIH) s'en mêle, publie un *Guidelines for Research Involving Recombinant DNA Molecule* et, comme il dispose des crédits de recherche, on parle déjà d'une mainmise du politique · sur le scientifique. Edouard Kennedy, président de la Commission de la santé au Sénat américain, souhaite « codifier » ces tendances de la recherche qu'il juge « préoccupantes ». Les chercheurs se rebiffent, crient à l'intrusion du législateur dans leur champ, rappellent le « précédent Lyssenko »... Une remarque d'un prix Nobel britannique, sir John Kendrew, cristallise parfaitement l'ambiance : « La situation est analogue à celle de la physique nucléaire au début de la dernière guerre. » Veillons donc à ce troisième grain, bien que nos défenses soient pour l'instant purement verbales...

ORDINATEUR ET LIBERTÉ

Il s'agit là du quatrième grain qu'il faudra bien traverser ou contourner : *le destin programmé*. Henri Heine aimait à dire : « J'ai trouvé dans mon berceau une feuille de route. » Heureusement, les nouveau-nés ne savent pas lire. Sinon, ils comprendraient trop vite qu'ils sont programmés par leurs gènes, ce qui suppose déjà certaine restriction dans les évolutions possibles de leur cap, avant d'être programmés par les hommes qui vont les enregistrer, les ficher, les tester, les réglementer, les imposer plus tard. Avec aujourd'hui un allié-ennemi, puissant et sans âme, l'informatique. Voici ce qu'en écrit A. Lichnerowicz[1] : « ... même employée avec toute la rigueur scientifique qui serait nécessaire — et elle ne l'est jamais —, l'informatique, qui devrait être neutre en soi, risque de se révéler comme le pire multiplicateur des traits marquants d'une société. C'est un miroir déformant dans notre sens, un redoutable amplificateur de nos défauts qui nous est présenté. La peur qu'inspire l'informatique est la peur devant la vérité secrète de notre société. Devant cette peur, il nous faut réfléchir et analyser sérieusement

---

1. Cours public en Sorbonne (12 janvier 1977) dans le cadre du Mouvement universel de la responsabilité scientifique.

les processus dont nous sommes à la fois les agents et les victimes. »

J'ai souligné plus haut l'aide indispensable des informaticiens dans la surveillance des « voyants rouges » s'allumant à chaque alerte écologique, dans le domaine des malformations. Nous avons pris garde que les autorisations d'accès au fichier soient bien définies et bien contrôlées. Et j'ai demandé qu'après utilisation à des fins statistiques, les fiches documentaires soient détruites, ou leur patronyme effacé. Afin que nul d'entre nous ne porte toute sa vie le poids détaillé de son passé.

Pourquoi l'espoir ?

Pourquoi l'espoir... alors que nous sommes dans l'œil du cyclone où s'équilibrent les forces contraïres des possibilités et des périls? Parce qu'une connaissance éclairée du fait biologique, si elle se double d'une prudence obtenue dans le comportement des hommes, n'incline pas au pessimisme. « Ce que l'on doit demander aux recherches scientifiques, ce n'est pas une prévision assurée de l'avenir, c'est de fournir à la liberté humaine des éléments d'information pour orienter une action[1]. »

La meilleure mesure de l'épanouissement d'une société est l'information moyenne de ses membres et l'équilibre des thèmes éducatifs, à travers les disciplines enseignées. Or l'éducation biologique et génétique des hommes reste à faire. Celle d'abord des responsables de la décision. Peut-on reprocher à un normalien, un polytechnicien, un énarque, à un diplômé de Sciences politiques, de considérer parfois leurs semblables comme une cohorte de mannequins? Leur a-t-on jamais appris l'empire des mécanismes de la vie sur les mécanismes économiques, problèmes de gestion, aussi bien que sur les fluctuations politiques, problèmes d'idées? On est un humaniste aujourd'hui lorsqu'on sait convenir que, si l'idéal d'une éducation civique bien faite reste l'accomplissement de la devise de la République française, l'asservissement aveugle, l'inégalité hiérarchisée, les combats sans fin ni grâce sont la trame de l'histoire naturelle des êtres de tous bords.

Au centre du monde vivant, l'ADN, créateur inépuisable d'un formidable gâchis, rend compte à lui seul de la personnalité biolo-

---

1. G. Malécot, « Rôles et limites des mathématiques » (Discours d'ouverture de l'année scolaire 1949-1950 de l'université de Lyon, France).

gique. Il est le visage authentique et moderne de la *virtus formativa* enfin découverte et presque domestiquée.

Autour de lui, le reste du monde est soumis aux forces géologiques, aux cataclysmes météorologiques, ballotté par des courants d'idées, animé par les croyances, figé parfois un instant par les dogmes aux frontières du mysticisme et de l'idolâtrie.

Et j'entends encore l'ultime message que nous laissa Jean Sutter : « Désormais, plus rien n'a d'importance que l'ADN et les religions révélées. »

Glossaire

Achondroplasie. Génopathie transmise selon les lois de Mendel, entraînant un nanisme très marqué (80 cm à 1,20 m) provoqué par un arrêt de développement des cartilages de croissance de l'os.

Acide désoxyribonucléique (en abréviation ADN, ou DNA pour les Anglo-Saxons). Molécule programmée qui contient le message génétique. Elle est située à l'intérieur des chromosomes dont elle forme avec les histones* la plus grande partie. Sa structure a été découverte par Watson, Crick et Wilkins, en 1953.

Acide ribonucléique-messager (en abréviation ARN-m, ou RNA pour les Anglo-Saxons). Molécule d'acide nucléique plus légère que l'ADN* au contact d'une séquence duquel elle est synthétisée, cheminant ensuite du noyau vers le cytoplasme, pour apporter aux ribosomes* de celui-ci l'information génétique nécessaire à la synthèse d'une molécule de protéine.

Acrocentrique. Se dit d'un chromosome dont le centromère* se situe tout près d'une des extrémités du chromosome (dans l'espèce humaine, chromosomes nos 13, 14, 15, 21, 22 et Y). Le « bras court » est donc très court et le « bras long » très long.

ADN. Voir **acide désoxyribonucléique.**

Allèle. D'un terme grec qui signifie « autre ». Se dit d'un gène situé sur le locus homologue en face d'un gène donné (l'un des allèles étant d'origine paternelle, l'autre d'origine maternelle).

ARN. Voir **acide ribonucléique.**

Amnios. Revêtement interne de l'œuf de mammifère se prolongeant sans interruption avec le revêtement du cordon ombilical et avec le revêtement cutané du fœtus. Les cellules de l'amnios desquament à l'intérieur du liquide amniotique sécrété par les reins du fœtus. Une ponction de liquide amniotique pratiquée à un certain stade (16e à 18e semaine) permet de recueillir des cellules amniotiques et de les cultiver. A partir de cette culture, on peut obtenir le caryotype* du fœtus et procéder, si besoin est, à des études des fonctions enzymatiques de ces cellules.

Anencéphalie. Absence de développement du cerveau, remplacé par l'existence de quelques grammes de tissu rougeâtre. La base du crâne et la face existent. Mais les os de la voûte et le cerveau sont absents. L'anomalie ne tue qu'à la naissance. Les formes familiales de ce trouble monstrueux du développement sont rares mais existent néanmoins. L'anencéphalie peut être dépistée à la 16e semaine du développement par l'étude du liquide amniotique (voir *amnios*) qui révèle l'augmentation anormale du taux d'alpha-fœtoprotéine.

Aphasie. Troubles de la parole liés à une atteinte des centres cérébraux du langage. Certains de ces centres, parmi les plus importants, sont irrigués par l'artère sylvienne, branche de l'artère carotide interne. L'atteinte par l'athérome (voir *page 78*) de ces artères peut provoquer une aphasie.

Aplasie rénale. Défaut du développement d'un ou des deux reins au cours de l'embryogenèse.

Asbestose. Maladie professionnelle pulmonaire liée à l'inhalation chronique de poussières d'amiante.

ATP (ou acide adénosine-triphosphate). Molécule riche en réactions énergétiques, à la base d'un grand nombre de processus métaboliques nécessitant de l'énergie pour s'accomplir dans l'organisme.

Autosomes. Ce sont les chromosomes « non sexuels ». Dans l'espèce humaine ils sont au nombre de 22 paires, classées de 1 à 22 dans les cellules somatiques. La morphologie des autosomes est la même, qu'ils appartiennent à un être de sexe masculin ou à un être de sexe féminin.

Bactériophage. Organisme constitué d'une capside* de nature protéique contenant un filament chromosomique d'ADN* ou d'ARN*. Le bactériophage est capable de s'accrocher à la membrane d'une bactérie et d'injecter à son intérieur son propre chromosome. Chaque espèce de bactérie possède son bactériophage spécifique (il ne peut contaminer que cette espèce de bactérie et aucune autre).

Blastocyste. Un des premiers stades du développement de l'œuf. Succède immédiatement au blastomère* par apparition à l'intérieur de celui-ci d'une cavité primitive (stade dit « blastula »).

Blastomère. Un des premiers stades du développement de l'œuf. L'aspect est celui d'une « mûre » microscopique (stade dit « morula »).

Bordet-Wassermann (réaction de). Réaction sérologique de laboratoire destinée à mettre en évidence une infestation par le tréponème de la syphilis.

Capside. Enveloppe protéique d'un bactériophage*.

Caryotype. Étude de la garniture chromosomique des cellules somatiques d'un sujet. Les chromosomes sont groupés par paires, classés par rang de taille, et repérés par la position de leur centromère*. Cet examen est capital pour l'étude des aberrations chromosomiques dans l'espèce humaine et les espèces animales. Il est pratiqué à partir d'une culture de tissu du sujet (lymphocytes* du sang, fibroblastes*, cellules de la moelle osseuse) dont on observe les mitoses « éclatées », photographiées, découpées à partir des clichés obtenus puis classées chromosome par chromosome.

Catalyse. Action par laquelle une substance augmente la vitesse d'une réaction chimique sans paraître y prendre part.

Centromère. Point du chromosome où se trouvent liées jusqu'au moment de leur séparation les deux chromatides*-sœurs. Selon le niveau du centromère, on décrit des chromosomes acrocentriques (centromère éloigné de la partie moyenne, d'où des « bras courts » très courts et des « bras longs » très longs) ou des chromosomes médiocentriques (centromère près du centre du chromosome avec « bras courts » et « bras longs » presque égaux en longueur).

Choanes. Région qui, chez les mammifères en particulier, permet la libre circulation de l'air entre l'arrière des fosses nasales, le pharynx et les voies respiratoires supérieures. Le manque de développement de cette région à la naissance provoque l'asphyxie lors de la tétée. Un geste chirurgical simple permet la guérison.

Chorde (ou corde) dorsale. Cordon cellulaire présent chez l'embryon humain entre les 14e et 21e jours. Situé dans l'axe antéropostérieur de l'embryon, il permet par sa présence l'apparition par induction embryonnaire progressive de toutes les structures voisines, notamment le développement normal de la colonne vertébrale.

Chromatide. Lorsqu'un chromosome se divise, il a un aspect en X provoqué par l'individualisation de deux chromatides, dites chromatides-sœurs, réunies encore par un « pont » appelé centromère*.

Chromosomes homologues. Chromosomes de la même paire chromosomique, l'un étant apporté par le spermatozoïde, l'autre par l'ovule. Exemples : les deux chromosomes de la paire n° 1, de la paire n° 2, etc., du caryotype* sont des chromosomes homologues.

Coeliaque (maladie). Affection du nourrisson et du jeune enfant caractérisée par une diarrhée à début brusque avec stéatorrhée, un météorisme énorme, un mauvais état général avec amaigrissement, anémie, hypotonie musculaire, un retard de croissance avec rachitisme. L'évolution est chronique, avec des poussées; la guérison est possible vers l'âge de 7 à 8 ans, laissant un infantilisme.

Elle serait due à une intolérance au gluten et surtout à un de ses constituants, la gliadine (*Dict. Garnier et Delamare*).

Complément. Facteur non spécifique qui intervient dans ies réactions immunologiques, par ses propriétés neutralisantes ou destructrices, seulement quand un anticorps spécifique s'est fixé sur l'antigène (*Dict. Garnier et Delamare*).

Craniosténose. A la naissance, les os du crâne ne sont pas soudés et il existe des fontanelles. Cet état normal permet sans dommage l'augmentation progressive et rapide du cerveau pendant les premiers mois de la vie. Une craniosténose est un état constaté à la naissance dans lequel les os de la voûte (tous ou certains d'entre eux) sont prématurément soudés : il s'ensuit des déformations crâniennes, une hypertension intracrânienne, une cécité et parfois une débilité mentale, en l'absence d'intervention neurochirurgicale.

Cyanose. Aspect bleuté des téguments à la suite de causes très diverses (asphyxie, malformation cardiaque, méthémoglobinémie, etc.).

Cytoplasme. Une cellule somatique (c'est-à-dire qui n'est ni un spermatozoïde ni un ovule, cellules dites sexuelles) comprend un noyau, un cytoplasme et une membrane la délimitant mais permettant les échanges entre le cytoplasme et le milieu dans lequel baigne la cellule.

Daltonisme. Anomalie de la vision de la couleur verte ou de la couleur rouge, provoquée par l'existence d'un gène anormal porté par le chromosome X.

Déférent (canal). Canal qui chez l'homme réunit l'épididyme* aux vésicules séminales*, en cheminant dans le canal inguinal. Il est emprunté par les spermatozoïdes.

Délétion. Perte d'un fragment chromosomique.

Delirium tremens. Forme nerveuse la plus spectaculaire (délire, agitation, hallucinations) de l'intoxication alcoolique chronique. La crise peut être provoquée par un excès surajouté d'alcool (*delirium a potu immoderato*), ou le plus souvent par un brusque sevrage d'alcool chez un intempérant (*delirium a potu suspenso*).

Dextrogyre. Se dit d'une molécule biologique qui, au spectroscope, dévie les rayons lumineux vers la droite.

Dominant. On dit qu'un gène est dominant lorsqu'il s'exprime dans le phénotype* du sujet, même lorsque le gène correspondant, apporté par l'autre parent, est différent de lui. Ce dernier gène, lorsqu'il ne s'exprime pas du tout, est dit récessif. Deux gènes homologues différents peuvent cependant s'exprimer simultanément. C'est la codominance. Par exemple, un sujet qui a reçu de son père le gène du groupe sanguin A et de sa mère le gène du groupe sanguin B sera du groupe AB. Les gènes du groupe A et B sont dits codominants.

Duchenne (maladie de). La plus fréquente des myopathies*. Elle frappe les enfants de sexe masculin, entraîne une atrophie musculaire progressive (sauf au niveau des mollets qui sont au contraire hypertrophiés), avec d'importants troubles locomoteurs qui vont jusqu'à l'arrêt complet de la marche à l'adolescence. Cette génopathie* est liée à un gène anormal porté par le chromosome X.

Dysmélie. Anomalie de développement d'un membre (du grec, *mèlos*). La phocomélie (voir *page 175*), la polydactylie (voir *page 86*) sont des dysmélies.

Épicanthus. Repli cutané plus ou moins marqué cachant l'angle interne de l'œil chez certains sujets tout à fait normaux, mais aussi chez certains débiles mentaux (notamment les trisomiques 21).

Épididyme (de *épi*, sur ; et *didumos*, testicule). Organe coiffant le testicule et comprenant les innombrables canaux qui collectent les spermatozoïdes nés dans les tubes du testicule et les drainent vers le déférent* et les vésicules séminales*.

Érythroblastes. Cellule-souche primitive présente dans la moelle osseuse, à l'origine par divisions successives et maturation progressive des érythrocytes (syn. : hématies ou globules rouges) que l'on trouve dans le sang circulant alors que les érythroblastes restent toujours cantonnés à la moelle osseuse dans les conditions normales.

Eucaryote (cellule). Cellule comportant un noyau nettement individualisé au sein du cytoplasme* et séparé de ce dernier par une membrane nucléocytoplasmique. Le noyau contient plus d'un chromosome et l'ADN* des chromosomes est revêtu d'histones, molécules absentes des cellules procaryotes*.

Exsanguino-transfusion. Technique qui consiste à remplacer dans sa quasi-totalité le sang d'un sujet par du sang compatible. Cette technique est appliquée après certaines intoxications graves, après certains accidents post-transfusionnels, et chez le nouveau-né victime d'une anémie hémolytique* par incompatibilité fœtomaternelle* rhésus.

Favisme (de *faba*, fève). Génopathie transmise selon l'hérédité liée au chromosome X, provoquant la déficience d'une importante enzyme du globule rouge et entraînant une anémie hémolytique* après ingestion de fèves dans les régions telles que la Sardaigne (où le gène anormal est fréquent et la consommation de fèves habituelle).

Fibroblaste. Cellule principale du tissu conjonctif de soutien et qui élabore notamment deux protéines importantes, le collagène et l'élastine.

Fibroplasie rétrolentale. Lésion du pôle postérieur du cristallin créée par un excès d'oxygénation lors de la réanimation d'un nouveau-né. Il s'agit d'une des causes classiques, mais devenue aujourd'hui exceptionnelle, de la cécité du nourrisson.

Furfuracée (idiotie). Nom ancien du « mongolisme » donné à cette affection par le Français Seguin. Le terme « furfuracé » évoque une peau qui desquame. Effectivement, les trisomiques 21 présentent souvent ce signe clinique.

Gamétogénèse. Ensemble des phénomènes aboutissant dans le testicule à la formation des spermatozoïdes (spermatogénèse) et dans l'ovaire à la formation des ovules (ovogénèse).

Gène (ou cistron). Séquence d'une molécule d'ADN* douée d'un programme génétiquement transmis et conduisant à l'élaboration par la cellule d'une molécule de protéine.

Génome. Ensemble du potentiel héréditaire d'un sujet (message génétique reçu du père et message génétique reçu de sa mère).

Génopathie. Voir *encadré 1, page 20.*

Génotype. Constitution génétique d'un sujet comprenant, dans les chromosomes du noyau des cellules somatiques, le programme héréditaire apporté par le spermatozoïde du père et le programme héréditaire apporté par l'ovule de la mère.

Glycoprotéines. Chaînes de protéines sur lesquelles sont « greffées » des molécules de sucre. Les antigènes du système ABO, par exemple, sont des glycoprotéines.

Gonosomes. C'est la paire de chromosomes sexuels. Dans l'espèce humaine, la garniture chromosomique du mâle comporte un gonosome X et un gonosome Y. La garniture chromosomique de la femelle comporte deux gonosomes X.

Hémiplégie. Paralysie d'une moitié du corps liée le plus souvent à une oblitération de l'artère sylvienne, branche de la carotide interne, par un processus athéromateux (voir *page 78*).

Hémolytique (anémie). Forme particulière d'anémie (*haimatos*, sang; *lusis*, dissolution) pouvant être provoquée par une fragilité des globules rouges d'origine génétique (drépanocytose par exemple) ou par une destruction des globules rouges après conflit immunitaire antigène-anticorps (incompatibilité fœtomaternelle* rhésus par exemple).

Hétérochromatine. Lorsqu'on colore une cellule, pour l'examen au microscope, la partie inactive des chromosomes du noyau prend intensément le colorant et apparaît sous forme de « mottes » dites d'hétérochromatine.

Hétérogreffes. Greffes d'origine étrangère à l'organisme greffé. Ce dernier acceptera la greffe sous certaines conditions ou la détruira à la suite de phénomènes immunitaires (phénomène du rejet).

Hétérozygote (état). Occupation d'un couple de locus* sur deux chromosomes homologues* par deux gènes* différents (par exemple, gène commandant le groupe sanguin A et gène commandant le groupe sanguin B).

Histocompatibilité. Phénomène qui autorise dans certains cas privilégiés la prise de greffe d'un individu à l'autre (par exemple, tout tissu d'un jumeau « vrai » est histocompatible avec celui de son frère). A l'inverse, l'histo-incompatibilité, même entre individus d'une même espèce, est la règle. C'est tout le problème du « phénomène de rejet » après greffe de peau ou d'organe (rein, cœur, poumon, pancréas).

Histones. Protéines particulières revêtant les molécules d'ADN* chez les organismes à cellules eucaryotes*.

Homozygote (état). Occupation d'un couple de locus* sur deux chromosomes homologues* par deux gènes* semblables, aux mêmes propriétés (par exemple, gène commandant le groupe sanguin A et gène commandant le groupe sanguin A, voir *figure 29*).

Hypothyroïdie. Défaut de synthèse des hormones thyroïdiennes d'origine génétique. Son existence chez le nouveau-né entraînera un déficit intellectuel et physique (nanisme) très grave. Le trouble est actuellement accessible au dépistage systématique à la naissance et un traitement simple permet de compenser le trouble et de guérir la maladie.

Immunoglobuline. Molécule protéique complexe synthétisée par certaines cellules nommées plasmocytes selon un programme génétique déterminé, et capable des propriétés dites « d'anticorps » (précipitation des antigènes correspondants par « conflit antigène-anticorps »).

Inceste. Rapport sexuel entre un homme et une femme qui sont parents ou alliés à un degré prohibé (*Dict. Larousse*).

Incompatibilité fœtomaternelle. Conflit immunitaire entre l'organisme maternel et le fœtus dont l'exemple le plus courant est le conflit possible entre une mère rhésus négatif et un fœtus dont les globules rouges sont rhésus positif.

In vitro. Se dit d'une expérience biologique de laboratoire pratiquée autrement que sur un organisme vivant dans son intégrité (expérience dite alors *in vivo**). On parle par exemple de cultures de tissu *in vitro*.

In vivo. Se dit d'une expérience biologique pratiquée sur un organisme vivant dans son intégrité (dans le cas inverse, l'expérience est dite *in vitro**).

197

Lémuriens. Les lémuriens sont des primates très anciens. Leur museau est allongé et velu, leurs yeux sont très développés, leurs mains ont un pouce opposable, l'index est seul griffu alors que les ongles des autres doigts sont plats. Ils vivent dans les forêts de Madagascar et des îles Comores.

Létalité (du latin *letalis* : mortel). Une maladie qui entraîne une létalité est une maladie mortelle. On parle de gène létal lorsque l'affection génétique tue à la naissance ou immédiatement après.

Lévogyre. Se dit d'une molécule biologique qui, au spectroscope, dévie les rayons lumineux vers la gauche.

Locus (en latin : lieu). Emplacement d'un chromosome où se trouve situé un gène donné. Deux gènes homologues gouvernant les mêmes fonctions sont situés en des *locus* (ou *loci*) homologues sur une paire de chromosomes homologues*.

Lymphocyte. Cellule circulante du sang née dans les ganglions lymphatiques et la rate, et douée de propriétés immunitaires.

Lyse. Destruction d'une cellule (cytolyse), d'un globule rouge (hémolyse), d'une bactérie (bactériolyse).

Lysogénie. Phénomène lié à l'injection du chromosome d'un bactériophage à l'intérieur d'une bactérie. Ce chromosome s'intègre au chromosome de la bactérie. La lyse* n'est pas obtenue aussitôt mais retardée. Une bactérie dite lysogène est une bactérie capable de transmettre par ses divisions successives ce pouvoir lytique sans avoir subi elle-même de nouvelle infestation par un bactériophage.

Marsupiaux. Mammifères sans placenta, d'origine très ancienne. Ils sont caractérisés par une poche ventrale où les jeunes demeurent plusieurs mois après la naissance, fixés aux mamelles maternelles. Ils se sont surtout développés sur le continent australien (*Dict. Larousse*).

Méconium. Matière contenue dans l'intestin du nouveau-né avant toute alimentation, et qui doit être expulsée dans les premières heures suivant la naissance.

Média. Tunique moyenne des troncs artériels contenant les fibres musculaires lisses et les fibres élastiques.

Méiose. Phénomène ultime de la gamétogénèse* qui autorise la naissance de cellules sexuelles comportant la moitié du nombre normal des chromosomes des cellules somatiques de la même espèce. Par exemple, dans l'espèce humaine, les cellules somatiques comportent 46 chromosomes. A la suite de la méiose, spermatozoïdes et ovules comportent seulement 23 chromosomes. Ainsi, l'œuf après fécondation comportera $23 + 23 = 46$ chromosomes.

Méthémoglobine. Hémoglobine rendue anormale à la suite d'une mutation génétique, assurant mal ses fonctions de transporteur d'oxygène et provoquant chez le sujet qui en est porteur l'apparition d'une cyanose* permanente.

Microcéphalie. Réduction du périmètre crânien traduisant généralement un défaut de développement cérébral et rendant compte d'un déficit intellectuel fréquent.

Minkowski-Chauffard (maladie de). Génopathie* transmise selon les lois de Mendel provoquant une « fragilité » des globules rouges qui sont petits et sphériques (microsphérocytose), c'est-à-dire une anémie hémolytique* par crises de déglobulisation.

Mitose. Division d'une cellule somatique (c'est-à-dire d'une cellule qui n'est ni un spermatozoïde ni un ovule, cellules dites sexuelles).

Monosomie. L'état chromosomique normal d'un sujet est l'existence d'une série de paires de chromosomes homologues* (état « disomique »). Lorsqu'un des deux éléments d'une paire chromosomique est absent du caryotype*, on dit qu'il existe une monosomie.

Mucoviscidose. Génopathie* transmise selon les lois de Mendel, et modifiant la qualité du mucus nécessaire au bon fonctionnement des bronches, de l'intestin et des canaux excréteurs du suc pancréatique. La maladie associe des troubles respiratoires sévères et des troubles de l'absorption intestinale. Le diagnostic est assuré par l'examen chimique de la sueur des malades qui révèle un taux anormalement élevé de chlore et de sodium.

Mutation. Modification chimique dans la séquence d'un message génétique porté par une molécule d'ADN. Cette modification peut entraîner une modification dans la séquence des acides aminés qui constituent une molécule de protéine et modifier de la sorte les propriétés de la protéine, entraînant une variation ou à l'extrême une maladie d'origine génétique.

Myéline. Substance lipidoprotidique servant d'enveloppe nutritive aux cellules nerveuses (« substance blanche »).

Myopathie. Maladie du muscle, généralement provoquée par une génopathie* transmise selon les lois de Mendel. Le gène anormal provoque une faiblesse et une atrophie progressive des masses musculaires.

Névrose. Nom donné à un groupe d'affections dont les symptômes indiquent un trouble dans le fonctionnement du système nerveux, sans que l'examen anatomique révèle des lésions appréciables des éléments de ce système et sans qu'il existe d'altération de la personnalité (contrairement aux psychoses*) (*Dict. Garnier et Delamare*).

Phagocytose. Les polynucléaires* sont doués du pouvoir d'absorber et de digérer des particules étrangères telles que des bactéries par exemple, ou des débris cellulaires. Ce phénomène est la phagocytose. Certaines génopathies* privent les polynucléaires de cette propriété.

Phénotype. Ensemble des qualités extérieurement notables d'un sujet.

Phénylcétonurie. Génopathie* transmise selon les lois de Mendel liée à un déficit d'une enzyme d'origine hépatique. Le développement du cerveau du nourrisson va être perturbé et une débilité profonde s'installera dès les premières semaines, sauf si le diagnostic est réalisé à la naissance par le dépistage systématique. Un régime particulier suivi 7 à 10 ans empêche les lésions de se développer et l'intelligence reste intacte.

Plaquette. Cellule sanguine formée par la moelle osseuse et douée de propriétés hémostatiques. Son absence provoque en particulier les hémorragies cutanées ou profondes appelées « purpura » par les médecins.

Plasmide. Particule faite d'ADN* inoculable dans une bactérie et susceptible de conférer à cette dernière une propriété nouvelle, comme une résistance à un antibiotique donné.

Polynucléaire. Forme particulière de globule blanc (ou leucocyte) circulant du sang, né dans la moelle osseuse, et chargé de fonctions anti-infectieuses. (La mort de nombreux polynucléaires au contact d'un foyer d'infection constitue le pus.)

Polypose recto-colique. Génopathie* transmise selon les lois de Mendel entraînant chez le sujet atteint l'apparition, à l'adolescence, d'innombrables polypes du gros intestin et du rectum. Le risque de cancérisation précoce de ces polypes étant très élevé, la chirurgie (enlevant la totalité du gros intestin et parfois aussi le rectum) est le seul recours.

Pool. Mise en commun, réserve des substances du même type chimique dans l'organisme.

Précambrien. L'âge cambrien commence environ à — 550 millions d'années. On parle d'âge précambrien pour la période immédiatement précédente.

Procaryote (cellule). Cellule primitive comportant un seul chromosome sans histone* non séparé du reste du contenu cellulaire par une membrane nucléocytoplasmique. (Exemple : une bactérie, un bactériophage sont des procaryotes.)

Progestérone. Hormone sécrétée par le corps jaune de l'ovaire, puis par le placenta, et qui est indispensable au bon développement d'une grossesse (progestatif : qui aide la gestation).

Psoriasis. Affection de la peau caractérisée par l'apparition, en certains points d'élection (coudes, genoux, cuir chevelu, région sacrée) et parfois sur tout le corps, d'éléments arrondis, formés de squames sèches, brillantes et nacrées, s'enlevant aisément par le grattage (signe de la tache de bougie) (*Dict. Garnier et Delamare*).

Psychose. Altération sévère de la personnalité liée à une anomalie mentale variable.

Quotient intellectuel. Niveau de l'intelligence d'un sujet, théoriquement mesuré par une batterie de tests (Binet-Simon, Terman-Merril, etc.). Ce QI permet une classification simplifiée des déficients intellectuels en débiles légers, moyens ou profonds.

Récessif. On dit qu'un gène est récessif lorsqu'il ne s'exprime pas dans le phéno-type* du sujet, parce que le gène correspondant apporté par l'autre parent le « domine » (voir *dominant*). Un gène récessif ne s'exprimera dans le phénotype que s'il existe en « double-dose », le gène correspondant apporté par l'autre parent étant semblable à lui, récessif comme lui-même (état homozygote*).

Recklinghausen (maladie de). Génopathie* transmise selon les lois de Mendel provoquant l'apparition sur la peau de nombreuses « taches café au lait » et de tumeurs nerveuses (neurofibromes).

Refsum (maladie de). Génopathie* transmise selon les lois de Mendel et qui provoque des troubles nerveux moteurs et sensitifs au niveau des membres, à la suite d'un dépôt de métabolites anormaux dans la gaine des nerfs.

Réponse immune. Mobilisation cellulaire et humorale de l'organisme avec synthèse d'anticorps en réponse à une agression par des antigènes qui lui sont étrangers. La réponse immune est génétiquement programmée.

Ribosomes. Organites cellulaires du cytoplasme* que gagne l'ARN-messager* pour être déchiffré (le message porté par l'ADN* est traduit en séquence d'acides aminés, c'est-à-dire en une protéine, au niveau du ribosome qui se comporte comme une véritable « tête de lecture »).

Spina bifida. Trouble embryologique de la fermeture de la gouttière nerveuse survenant vers la fin du premier mois de la vie intra-utérine. Dans sa forme lombaire et sacrée majeure, la malformation provoque la paralysie des membres inférieurs et des troubles des sphincters.

Spondylarthrite ankylosante. Maladie rhumatismale inflammatoire sévère atteignant principalement les articulations de la colonne vertébrale et pouvant conduire à leur ankylose totale.

Strumpell-Lorrain (maladie de). Génopathie* transmise selon les lois de Mendel et qui provoque chez un jeune adulte la dégénérescence de certains cordons de la moelle épinière (faisceau pyramidal), entraînant progressivement des troubles de la marche.

Substrat. On désigne ainsi le produit biologique sur lequel doit agir une enzyme qui le modifiera ou le détruira.

Systole. Stade de la révolution cardiaque où le muscle cardiaque (ou myocarde) se contracte et éjecte dans la circulation le sang contenu par les ventricules.

Tarsiens. Primates vivant à Bornéo, à Java et aux Philippines. Ils ont la taille d'un rat, des yeux ronds énormes, des oreilles assez grandes, une queue longue à face inférieure écailleuse, touffue à l'extrémité (*Dict. Larousse*).

Tératologie. Étude des monstruosités du développement (du grec *teratos*, monstre). Un agent tératogène est un agent qui peut causer une malformation chez un embryon.

Tétraploïdie. Organisme dont les noyaux cellulaires contiennent quatre stocks chromosomiques (trois stocks paternels et un stock maternel, ou l'inverse, ou deux stocks paternels et deux stocks maternels). Dans l'espèce humaine, un œuf tétraploïde n'est pas viable et conduit obligatoirement à un avortement spontané précoce.

Thymus. Organe situé chez le fœtus et chez le nouveau-né derrière la partie supérieure du sternum et qui joue un grand rôle dans la maturation de la réponse immune. Son absence totale à la naissance provoque des désordres très graves de la défense contre les infections.

Transduction. Pouvoir que possède un bactériophage* « contaminé » par sa première pénétration dans une bactérie qu'il a détruite, de transférer dans une autre bactérie des gènes* empruntés à la première bactérie.

Triglycérides. Variété de lipide (glycérol + acides gras) existant dans le tissu adipeux et le sérum sanguin. L'augmentation de leur taux dans le sang serait un facteur prédisposant à l'athérome (voir *page 78*).

Triploïdie. Une cellule somatique normale est diploïde (un stock chromosomique venu du spermatozoïde paternel + un stock chromosomique venu de l'ovule maternel). Dans l'espèce humaine, lorsque l'un des deux stocks est « double » (spermatozoïde ou ovule diploïde à la suite d'une anomalie de la méiose*), l'œuf comportera trois stocks chromosomiques, c'est-à-dire 69 chromosomes au lieu de 46 pour l'espèce humaine. Cet état triploïde n'est pas compatible avec la vie du nouveau-né.

Vésicules séminales. Réceptacles situés chez l'homme derrière la vessie qui reçoivent les spermatozoïdes venus du testicule par le canal déférent* et les emmagasinent avant l'éjaculation, tout en sécrétant, ainsi que la prostate, un liquide dit séminal.

Werdnig-Hoffmann (maladie de). Génopathie* transmise selon les lois de Mendel et provoquant la disparition des cellules nerveuses motrices de la corne antérieure de la moelle épinière. Le nouveau-né présente des troubles du tonus (enfant « poupée de son »), puis des troubles moteurs avec abolition des réflexes tendineux. Le pronostic est grave (atteinte des centres respiratoires du bulbe rachidien).

Wilson (maladie de). Génopathie* transmise selon les lois de Mendel, provoquant un trouble du transport du cuivre dans l'organisme avec accumulation de ce métal dans le foie, le cerveau, l'appareil oculaire et les reins. Ce phénomène entraîne des troubles moteurs et une cirrhose hépatique. La maladie peut être grandement améliorée par des médicaments qui captent le cuivre (médicaments « chélateurs ») et l'éliminent par les urines.

Table

II. D'OÙ VENONS-NOUS ?

III. OÙ ALLONS-NOUS?

Table
des illustrations

IMP. HÉRISSEY A ÉVREUX (EURE).
D.L. 1er TRIM. 1980. No 5482 (25238)

Collection Points

Collection Points

Collection Points

Collection Points

Collection Points

SÉRIE SAGESSE

dirigée par Jean-Pie Lapierre